（清）王文韶　撰　杭州圖書館　整理

稿本王文韶日記

第四册

國家圖書館出版社

第四册目録

清光緒十四年（1888）

清光緒十五年（1889）

清光緒十七年（1891）

目录 (continued)

丙戌
丁亥 附

十五

戊子四月卅日止

乙酉日記

光緒十一年乙酉十月

二十日晴 行小祥禮距 先太夫人之諱忽忽一年矣日月不居音容如在哀慕之誠曷其有極是日男客來拜者四十餘人女客十四人內外設便飯四席

二十一日晴 五十六歲生辰吾 母不及見者已二年矣追念劬勞益增悽痛午後下城謝客在卓然處少坐 亥刻星隕如雨天災又告時事日艱徘徊瞻望殊切杞憂

二十二日晴 午後上城謝客在子蕃甥處少坐

二十三日晴 劉蘭墅葆宸自蘇省假旋來晤並謁 先靈誠篤如昔古山可謂有子矣何詩生維樸自長沙來 子貞世丈之文孫也 順道補謝客并答蘭墅 拜姚達樵

二十四日晴 夏松孫周年 丁松生夫人出殯均往奠焉鞠甫來與談龍游事

二十五日晴　答梁鼓姓觀察　出錢塘门至多子塔院送松生夫人殯　歸途訪卓盛商定龍
游事
二十六日微雨　吳甥子蕃偕烟湖暨朱氏前往照料一日　錫席卿大司寇珍福建差竣回
京過省来拜未值　陸頌臣海運差旋　陳少苗文移寓三官巷羅氏舊宅
二十七日霽　答錫席卿未值　適游靈隱　順道答客
二十八日晴　早起若箴来談　夏厚菴来言定於三十日約姚蓮槎、娘至大青嶺覆
看塋地先是雨長父子兩櫬於九月十日安葬心涼亭西首路南葬後即有言其
無土者近日則竟謂並犯界水事屬荒渺而聞之不能無動又未便竟告伊家因
聞姚蓮翁　湖州人　於此道頗精故先往訪擬俟厚菴邀往留下之日請伊便順

道一看也奎子社處閒談并晤贊之

二十九日陰微雨 作子授信并寄收付清單下午至蕙忠清里看毓兒與卓笠談龍游事張

洵侯自嘉定來

十月初一日霽 宅後闢地三畝餘為種竹栽花之所擬名之曰退圃地多積土疊成小山本明日種梅二十株雜以桃李兩三年後當蔚然可觀也嘉定到來船留下到紫船適子社來為題一絕句曰書畫琴棋詩酒花當年件件不離他如今七事都更變紫米油塩醬醋茶語可解頤亦自有至理

初二日晴 茗笙來談

初三日晴 旭翁來久談作守安信寄上海

初四日晴 夢九自嘉興歸来晤接裕亭二十八日常熟来信即復一函寄嘉定

初五日雨 宗文月課至橫河橋見琳粟夫人談龍游事久晴盼雨尚未深透

初六日雨 韓聰甫夫人出殯前往一拜即留午膳與君笙少伯松笙寅伯子毅社同席 蘭言移榻此間 雨勢較昨稍密

初七日霽 胡雪岩病殁弔之門庭蕭瑟可慨也順道答客并奠宗載之夫人胡樸齋来月喬之長子也以月喬前在西征粮台出力故後奏唯給卹奉文照例予賜祭得於初十日舉行因向一切禮節就所知告之

初八日晴 若笙来談偕文緑克齋楞孫洵侯諸君至豐樂橋喫點心左桂叟太史守數来見提文襄建祠事又見客一起劉祥勝吉園傍晚訪卓然談

初九日陰 巳正出錢塘門至松木場坐船赴山莊下午登山展視一周并指示墓道做法
(下山)已薄暮矣 夜微雨 唐其翁先一日到此
初十日晴 巳刻新塋立爪門安石檻塋分(中昭穆)三穴外加一總元堂昭穴即鈞兒幽宮也墓
道及新塋西邊分種柳杉二百株夜與玫親把作議定灰槨工程接守安後信
十一日晴 辰刻上山周視一遭所種樹株均尚可觀今日即可種畢(下山)出至墓門工人
正在安碑攏其離階級太覺逼窄改進二尺許稍覺合式矣回莊少坐仍坐船
歸未正二刻到家夏閒自造一船較之現雇者差足以避風雨來往均約十六刻左
右惟近日旱久水淺備半月內無雨安葬時恐多阻滯耳 楞孫洵侯回嚶
十二日晴 李園丹周年前往一拜就晤若笙談湖南癸酉武解元彭教魚來見求為

值四五不得已作陳程初一信予二六弁贈其行楨兒同蘭言福錫往四鄉展三姊墓即返

道小和山赴山莊宿約二十里 陸伯鴻乃勳自嘉定来晤

十三日晴 童弼臣世兄来晤姚季眉司馬来久談接守安初十信言有滙款到杭因近日洋厘太昂須稍俟即發電囑其勿滙俟後信知照申刻楨兒自山莊歸

十四日晴 祝琳粟夫人壽到門一謁不降輿自奉諱後遇有不能不應酬之喜慶事均照此例行也順道答客晤松生談左文襄建祠事復守安信論滙款

十五日晴 雪岩開弔往拜之向仲良中丞病日久淹纏殊為可慮也至茗笙處少坐寅伯龔甫来談良山門外修葺義塚事余助資二百元茗笙夢九各五十元

十六日微陰 晨起至三官巷看陳小田丈飲食精神均尚好惟足力甚弱耳

十七日雨 鈞兒之殁二十七月矣本日除靈祔主 祖先堂下榻東偏命鈺孫敬謹將事

追維毛裏之情尚有餘痛也 孟咸挈二女到 林宋少 早晚設四席 松生來言左文

襄祠擬用湖山春社遺址

十八日霽 潘子饒自衢州田省來見成事 新送億子惠來閒談 福錫送錢夫人周年懺一日

燄口一壇 訪鞠甫談龍游事定典號曰安成 厚庵約明早出城

十九日晴 黎明即起辰初二刻至昭慶寺前候姚蓮翁暨厚庵同步湖堤心神頗爽蓮翁

兩君巳初始到茶園少坐同赴心凉亭雨辰塋地蓮翁周歷前後左右詳細看視言龍氣不清未

為雀壞却亦平安界水之說可斷其必無蓮槎名垠為近時講堪輿者所推重

得其一言群疑可釋矣同孟蔣坟親家去塋吃點心由城帶去 午正三刻歸 周禹塍兄以署

荊溪任丙被議回籍来晤久談

二十日雨 見客五四 趙王亦吾秉忠 湖南来李少蘭蘭生 四川歸 汪彤如 錢伯淵 来 接守安

廿一日復信言將於二十二三回蘇 喬坨見贈紫砂盤碗全席

二十一日晴 子玖試畢 衢嚴回省来晤久談 候補通判陳慶豐辰壽祺来見 中城總查善化人

午後答喬坨久坐 迻軒贈以山石一大件 長約丈許 是供清賞 移置退圃 徐商位置之法

二十二日晴 施九韶振成趙服五有来見久談 答子玖就晤 鬱士孟協濟 為潘子饒道之

在茗笙處少坐薄暮歸

二十三日晴 錢夫人之逝忽忽將一周矣 卜葬適逢是日 預行小祥禮 祓除 同鄉戚友外

官場亦有至者 瞿子玖學使 孫穀庭廉訪 廖穀士觀察等 惓惓之情 殊篤於邑 男客四席 女客兩席

二十四日晴 發守安信匯壽記款 訪蔡秋圃先生約初一日赴山茗笙約陳韵琴到杭論

僊恆事邀往一談 晚膳後歸 毓兒於本日先赴山莊

二十五日晴 楨兒赴莊偕頌臣同去夏厚齋來言子松塋地據姚蓮槎以為萬

不可用必應議遷此事大費斟酌屬其再請穀士一決本有請穀士覆看之約也 部署

進山事宜竟日碌碌

二十六日晴 挈鈺孫等同往山莊申刻上山墓门已立新塋草厰亦搭好矣蘭言亦

同舟到莊 接城信知寶岩率眷屬等已到

二十七日晴 午後上山伸看墓道厰已搭好大门微嫌其低不甚軒爽其门向正南子

午未兼癸丁與地盤不符隨後尚須更動也 毓兒往泗鄉展三妹墓去此不及二十里

二十八日晴 巳刻偕其翁上山午刻動手開金井（山向亥巳兼壬丙）緣兩次看土中穴（主）蓋砂甚厚約須開六尺餘方見真土當日開穴太𢜏急遽也昭穴則開深三尺尚未見砂已定甲棺即不必過深矣汪蓮汀仲堅暨童詒孫乃郎蘇香到莊

二十九日晴 金井開成主穴深土三尺許蓋砂將三尺見土甚好計深四尺八寸柩長九尺前和寬（高）二尺七寸前後左右各留灰槨二尺昭穴開三尺深尚未見砂計已平棺不再深開柩長二尺八寸前和寬（高）二尺九寸前後左右各留灰槨一尺五寸與地因蓋砂厚臨時開穴恐不及（事）故先期爲之較爲從容也三聰到莊

竇岩率眷屬（男女八人）同來 孟揚松士諸君亦至 磬吾自婁來送葬

三十日晴 親友陸續有至，安置住處，竟日碌碌。夜放瑜伽燄口一壇

十二月初一日晴（是日乙丑） 巳刻請柩上山，親友自城來者絡繹不絕，有行禮後即回城者，

有留與候送（全亦悽悽有勝）窆穴，至酉刻登穴。諸臻安吉，惟大媳及孫兒悲痛過甚。

至昏厥回莊，已戌正矣。是日（內外）開席九桌，留宿山莊者（女客琳嫂及冠三夫人）三十餘人，其自有住處者亦十

餘人。（道）遠天寒，戚友拳拳誼篤，足感矣

初二日晴 灰槨第一日，共開十曹（每曹九手，俗例以二百四十斤為一手），兩穴勻上，用六灰四泥，澄如其翁頌臣仲璧蘭（聲香）

言均在工照料

初三日晴 灰槨第二日，與次灰由風化（泥亦先備）十月間已購足，寄存掛靈官殿，吃漿倍於前次，打成較為

細熟，蓋四月間君葬時考較得之也 孟揚回城

初四日晴（牛以徵陰） 灰榔第三日 朱棟夫自嘉定來 （○傳初三日事謂記）寶岩率眷屬回城 命三媳先歸照料一切

初五日晴（牛蒡徵陰） 灰榔第四日 馨吾回城 接誠民函告 门僕何福以猝中怛化

初六日晴 灰榔第五日 兩穴均已平棺矣 穀士來塋次行禮 即請用盤一看 據言大致平安 同至山莊便飯 孝菴同來 蓋早間約穀士赴大青嶺復看子松塋地也 與楨兒言將來為我作壽壙（此） 實（只）須留一尺二三寸（即一尺以內亦可） 前後及左仍以二尺為度 蓋中間若仍留二尺 則左邊爪门擁其有碍矣 其為楨歸 棟夫回城

初七日晴 灰榔第六日 巳刻行平棺禮 綸兒先歸 以明日雨辰五周年也 天氣較寒 穴內均用舊毡加稻草蓋好 以防凝凍

初八日晴 灰榔第七日 大慨率細翁壽回城

初九日陰 傍晚小雨 灰榔第八日 次男慶銘、次孫銓蓀（乳名金壽）兩棺（前由京移回）擬祔葬錢夫人新阡之右 本日由經纂向毛家埠攢屋起出 親送到山 回首陳迹 為之黯然

初十日晴 昨竟晚小雨 大有雪意 清晨起視則放晴矣（灰榔第九日） 巳刻視慶銘、銓孫兩棺安窆之 太陽正照穴中也 另開灰榔兩曹

十一日陰 灰榔第十日 早起視江小雲觀察七旬壽 時正鄉居 距山莊不及三里 午後上山 經纂回城

十二日（黎明晴 午前陰 午後雪） 灰榔第十一日 先嚴慈墓左開有出水溝一道 許稚麟來送葬 見之謂在巳上大不相宜 松泉告之 誠民書來 述及今早偕唐其翁再覆視 以向盤在石檻

上按準另用長條拉之其出水之口實在乙卯惟受水蓋口一在巽巳之間一正在巳

上因卯（掘）挪後兩弓許在辰字上另開一蓋口仍用（由）辰字斜趨乙卯瀋溝 丈許歸入

原溝其前（開兩）蓋口一併填固地理微渺固不可拘泥亦何必拘執友朋關切之意良足感

耳午後大雪惟仲堅（持）雪前先下山余與其公均乘輿澄卅蘭言均坐竹轎倩土人抬

之頌臣與楨兒則芒鞋竹杖踏（冒）雪而行也旬餘在工適（多）值晴霽不覺其便一遇雨雪

諸形費事天下事大抵如斯也

十三日 朝霽 午後陰 灰槨第十二日主穴平地後高二尺昭穴平地後高三尺即日結頂快雪

時晴精神俱爽 潘子韶來謁墓

十四日晴 主穴昭穴次第加細泥一律安貼小塋灰槨第五日即日結頂加泥故親備祭筵

二席在工廠友均行禮 晚以肴餘酌蘇蔡兩把作邀拔親陪 均暢飲極歡而散

十五日晴 料理一切 午後上山謁別 先塋并錢夫人墓 盤桓久之 楨兒偕澄妹蘭言頌臣游小和山金蓮寺 僧人留齋 唐其翁田湖墅

十六日晴 午後大風 巳刻至保豐小堂即進城 時方午正尚未起風也 未正楨兒偕仲堅澄妹蘭言頌臣歸 溪河淤淺 舟行繞觀音閘而至松木場 幸連遇順風 尚不濡滯 下午若莘鞠甫子杜夢九先後來看 頌閣卸皖學事 請假游杭 來此暢談 即同晚膳

十七日陰 楨兒出门謝客 稼軒（劉吉園）來看 朱楙勛明亮自閩來 并送土物甚豐 辞之不獲 譚論風生 仍故態也 夜得雪

十八日大雪　亢晴日久冬雪甚透可慰也　鄭鳳巢百日　沛時之兄冒雪往拜之道路泥濘

擬拜客不果

十九日午前雪後止　答頌閣并晤穀士蔗孫談張子虞自粤東歸来晤論府志事　厚菴来

談即留晚膳

二十日午前霽　韓聰甫夫人周年往拜之汪子用自鄂歸来晤鞠甫来談頌臣回晏仲堅附舟行

二十一日陰微雨　候仲良中丞在卧房見客病將四月近甫漸痊暢談許久并遞請建左文襄祠公呈　答旭翁

談伍茗莖處久坐

二十二日陰　午後出門答客至宗文義塾晤張子虞論府志事順道至鍾周各宅見琳粟

夫人訪許稚麟談并謝指點先塋出水溝向址宜忌　孟陽来晚膳後登舟回吳

二十三日雲齋 午前課兩孫午後出门在少伯處久坐 中間林生来談 謝蔡秋圃先生来值留贈麗參

八兩燕窝一觔

二十四日晴 茗笙来商億恆事即同午膳杭府吴春泉太守来久坐

二十五日陰 料理年務竟日碌碌

二十六日晴大風 出门答客在茗笙處久坐松生来交存同吉典帖房契等件應代

大朕孫樂安收存照合同條議也 汀撥訖

二十七日晴風 闵彭雪翁到杭擬先往谢阻風未果渠仍住三潭印月之退省庵

也孫林之卿周條峯来

二十八日晴 午後渡湖拜彭雪翁嶺海歸来大有頹意步履言語均形不便然健談如故

述海防事及諒山勝仗南洋得手而便議和猶憤憤也上年　先太夫人之喪承寄賻幛慰唁殷拳茲既來杭理應先往致謝復貽以廣東土物多種及書畫揭本情誼殊可感矣

二十九日晴　年務料理完畢　介軒子用來　自二十三日至此午前均課孫

除夕晴　恭懸　遺像　傍晚行年節祀事並頒分　吴太夫人及錢夫人遺念本宗外戚多寡有差

光緒十二年丙戌五十七歲

元旦朝乙陰晴不定有微雨 早起天地祖先前行禮親友來謁靈者十五人亦杭俗也 夜雨

初二日雨 茗笙来午膳親友謁靈者十八人 夜微雪

初三日陰 親友謁靈者十七人 胞伯父九十冥誕設筵致祭率眷屬等敬謹行禮 頌公閣來作竟日談訪厓揚厨長於燒鴨攜来一試以本日餕餘佐、之邀子社仲昭蘭詩同嘗燒鴨竟有京師風味魚翅亦佳席散談至夜深而散 夜微雪

初四日晴 令楨兒上城謝客 卓、然来

初五日晴 上、城謝客在茗笙子用旭翁處小坐

初六日晴　中（下）城謝客與楨兒分往見兩良夫人、琳栗夫人

初七日陰　頌公閣來同至豐樂橋吳點心　旋出清波門訪南屏雪舟和尚不遇　雪舟能畫山水　頌公閣極賞識之也　便道游白雲菴、錢王祠　薄暮回城　晚間小酌　即令伊所僱揚州廚預備頗不落俗套　仍子社、松泉同席　甚暢適

初八日晴　吳挹清宗瀛自嘉定來　言將隨劉芝田出使英俄也　下午至獅教坊樓、三官巷、羅兩處　并看陳筱田文　挹清送顧亭林先生補遺十種（計八冊）壽帖子詞一冊

初九日晴　奠范毓峯尊翁（范百詩年之弟）同胡雪岩尊慈　順道答客　送頌閣行（至襄塘巷王蒲歸已出遊矣）穀士留午膳　偕頌閣步行至協濟看估衣　恆岩渡江來

初十日晴　至湖墅謝客　訪唐其翁不值　見生甫姊夫人　少坐　接姚子良文棟東瀛

来書以日本地理兵要八冊（印子良輯）經籍訪古志八冊日本八大家讀本四冊日本沿海

地圖兩冊（計六十二幅）見貽子良固有心人也

十一日晴 誠民仲怡諸君約至豐樂橋喫點心午後挈孫男女輩幼稚者四人至城隍

山一游茗笙来商槎頭書院事即同晚膳

十二日陰 詣上埠嶺謁墓歲月遞遷音容宛在徘徊瞻眺悽惻爲勝歸途

微受風寒（少覺不適）就枕後旋愈 夜微雨

十三日陰 三妹五旬冥誕在家設供後至裏塘巷一拜禱錫處諷經設薦一切

如儀我妹有靈聊可稍慰晚上燈花。先子社瓷軒来便飯 豐雲鵬盛

旭人兩觀察先後来晤

十四日陰　廖穀似觀察吳春泉太守姚季眉司馬先後來晤守安書來提本年拳事即馳函止之

上元節陰雪　傍晚林雲閣自唐市歸來見本年辭承春之席將赴龍游也夜祀先

十六日雪　竟日夜雪深尺許天氣奇寒

十七日大雪　祝瞿巻軒五旬壽落燈祀先恭收遺像竟日大雪將盈二尺為近年所未見也

十八日雪下午漸霽　送松泉行　少伯來久談大雪三日夜幾及三尺本日未刻始止春雪過大非所宜矣

十九日晴　卓然來談龍游安成事作賓岩信

二十日陰　裕亭来

二十一日晴　訪卓然松生談吝林雲閣并往帰途畏寒特甚晚间微熱得汗即解

二十二日晴　約雲閣卓然子饒裕亭便飯晴雲卓將於二十六日赴龍游夜雨達旦

二十三日雪　傍晚又畏寒發熱　竟日夜雪又積厚五六寸

二十四日霽　請范蓉臺診脉言微有外感暑和解〻即可愈也

二十五日晴　徐峽雲到省偕商億恆事　卓然辞别談　傍晚雨黎明始止

二十六日陰　雲閣偕安戚典友七人来見即赴龍游申正文保克齋由嘉到杭

二十七日陰　若笙来商億恆事范久也自無錫来將挈眷進京也孟揚来述

頌閣擬借租棧事　夜雨

二十八日雨 文保克齋開館松士乃郎慕匡仍來附讀晚酌兩師偕孟揚蘭言陪

二十九日陰 彭雪翁來久談精神步履較勝去年 此老卓有威名惟願其康強逢

吉也耳

三十日晴 瞿子玖來久坐晤將按試寧郡 春甲子晴氣象頗好作子授信寄

同吉合同月報著件擬托張子虞帶京

二月朔日晴 訪蔡秋翁未值劉吉園來晤蘭言動身赴粵

初二日陰雨 送子玖行便道答客鞠甫來談蔡秋翁來請其酌定東院書

房向址言以東西爲宜從之 本定朝南坐北書屋 今改坐西朝東爲船廳

初三日晴 答應敏齋未值訪子虞托寄子授信傍晚退圃閒步

初四日陰雨 高伯仲之祖太夫人除座往拜之書院甄别為楨兒改紫陽課卷
初五日霽 章子惠處少坐訪少伯未值子用約喫便飯識民子惠冠三在座
楨兒隨往家常肴饌風味絕佳蒸肉豆腐油菜三種尤勝 程子英自嘉定来
初六日陰 宗文義塾開課節文少伯均至鞠甫来到春寒又作微有外
感小覺不適 夜雨 接頌閣蘇州来信
初七日雨 穆軒来談 莪卿到杭
初八日霽 縠似辭行時將轉滬北上設暉吉事奠葉作舟尊慈張子虞辭行散
館葉少桐之子為陪自仙女廟来
初九日霽 芸史来匆匆一談到杭數日即須偕縠似北行也陸頌臣王卅英自上海

来 夜雷雨 服萬蓉臺方

初十日霽 茗笙来談感冒未清頭重畏風頗覺不適

十一日陰 竟日避風未出房頭悵漸輕神氣畧爽 夜雨

十二日霽 傍晚作恆和汪兑山信夢九托補捐免保舉也萬蓉臺来復診仍避風識民紅症又作心緒劬危〻

十三日晴 連日杜門謝客稍覺静適仍服萬蓉臺方

十四日陰 子饒裕亭来復趙价人潘蓮甫信

十五日晴 先光禄諱日敬謹設薦愴悒倍增 峩卿来談

十六日晴 甯紹台道薛叔耘觀察福成到省来拜送籌洋芻議兩部每部一冊

中列約章邊防鄰交利器等十四篇昔年曾經寓目覆閱一過語有根柢
不作溢墨浮詞近來論洋務者當以此為當行出色也戴延甫世兄自
平湖新埭來言彼處田業較他處為勝心識之 夜微雨
十七日陰 感冒小愈午後至退園看視工程 夜雨
十八日陰 黃元甫周夢九來
十九日霽 王丹英陸頌臣赴滬程子英同行
二十日晴 鞠甫來言將有蘇州之行 戴延甫來
二十一日晴 出門答客候仲良中丞久談時病假將滿仍須續請開缺也晏芳石篁
處少坐

二十二日晴 竹魯辭行赴桐廬鹽局差次午後渡湖答彭雪琴因近日咯血症大
發未能見客也 接穀似信言暉吉事
二十三日晴 下城答客見琳果夫人久談便道訪蔡秋舫少盦孩侄均信
二十四日晴 孫穀庭同年候補道蔣幹臣國楨來晤午後訪少伯談看臧氏病血雖止而腹瀉瘦弱
氣怯委頓殊甚心竊慮之
二十五日晴 戲作敷文課卷文題回也聞一以知十詩題郡亭枕上看潮頭得亭字夢
九子惠來 夜雨
二十六日雨 朱概勛來晤午後赴香梅處應酬便道答客晤穆軒李少園喬梓談
二十七日陰 楨兒壽赴上埠嶺展墓 子惠來約看東鄰宗屋言汪鐵珊函托買房

也

二十八日霽 午後出門答客晤許星台方伯豐雲鵬觀察熙青筱卿傍晚始歸

二十九日晴 盛旭翁來談葉桐孫回揚州 汪蓮汀自嘉定來

三月朔日陰 祝譜香夫人壽便道答客晤何青翁談重襄塘巷福錫處一話

初二日霽（清明節祀先） 書院朔課戲作試帖一首賦得滿城桃李屬春官得官字滄軒來談（渭儀自嘉定來 蓮汀回嘉）

初三日午前陰 晴 森兒夫婦往南山展墓若笙來談

初四日午前霽 雨 晨起出錢塘送（門查玉泉）郎步梅葬擬赴東山衖展墓雨大未果

初五日霽 喬垞來朱樾勤辭行赴衢州劉吉園（來言）擬在左近設一卡房爲中段巡查公

所以東墻外隙地借之森兒重東山衖展墓 沈李賢自湖北歸來見

初六日午前陰雨後霽　復子梭頌閣信午後問丁松生病晤竹舟順道看夏厚菴均久談

孟忠清里少坐

初七日晴　若筌夫人卜葬有期送經三日令楨兒夫婦詣傳霖之南庫之房從蔡筵行禮

厚菴來談傍晚走退圃閒步

初八日雨　擬赴黃蛻（仙芝）嶺展墓阻雨不果子惠來談

初九日雨　接費幼亭書并附顧子山信寄頌閣滙款來即復之滌峯來談

初十日霽　午後出門弇客晤吴筠丈久談晚酌瞿鉴軒邀子社陪晴舫選贛縣桂

源巡檢將赴任也

十一日晴　挈楨兒鎔孫至仙芝嶺展墓經彝同去今將逐年添置餘地周圍栺

點明白年向正利擬加修理也事畢後兩宜樓便飯循堤閒步至 行宮前乘舟

至湧金門歸 恆岩來 三自西興來

十二日晴 道咸竹銘都轉允升山東臬司喜時適來拜遇諸塗真異數姊觀察

恭辰訪孟陽談蓬軒來辭行 杏蓀自上海來他出未晤

十三日晴 早起送蓬軒行出城坐船至山莊（過留下與保甫出坐未正）申正上山行禮後周視松楸俱欣欣有向

榮之象土石各工正在工作今年雨水較多甫於本月十一日開工也

十四日晴 午前閒步至水口看香會下午上山閱視工作傍晚回莊

十五日晴 已正上山謁 墓（告別時將有嘉定之行也）午後坐船至松木場申正到家鯨兒今日至天竺小和山

燒香回至山莊午膳坐轎先歸

六日晴 午後出门答客晤董仁伯許子社許世貫ㄨ 升見子惠李襄塘卷少坐與穰卿談着趙福堂嘉定

船使先載送人禮物赴嘉 接卓然信安成於兄日開送一切平安妥協

十七日晴 杏蓀来久談汪守安自蘇到杭將回徽州

十八日晴 午後上城答客看減民病大致尚安惟便弱不堪耳 順访少伯談 魁ㄨ来

十九日晴 黎明即起出鳳山门至徐村送葬並夫人葬 ㄨ 畢料半日未正歸 守安

回徽

二十日晴 鄭沛情夫人六旬冥誕往拜ㄨ 夜白衣庵佩經 至忠清里少坐晤何小湖

二十一日晴 午後出门答客晤周禹堯姚蓮樵見琳叔夫人久坐 帰途李三官巷少坐

二十二日晴 答張魯生斯桂未值 新選廣平府 晤旭翁談吳曉嵐初世兄日政来見卯

君同年之哲嗣也以縣丞分發四川

二十三日陰　午後至宗文義塾少坐　窗侶他出　晤龔南談　歸途赴退園一看工程　漸有眉目

吴琳卿夫人久談　傍晚行李上船　夜微雨

二十四日陰　早起叩別　先靈　即登舟　裕亭　仲堅同行　帶謝福及長班陸錦　韓升三人　傍晚

抵長安鎮　過壩泊　時酉正一刻　蘇青雲　長慶　派船板隨行護送

二十五日霽　寅初即開行　酉初三刻抵嘉興泊　上岸閒步

二十六日晴　寅初開行　酉正二刻抵朱家角泊　夜半大風　不能成寐　起坐一時許

二十七日晴　風大且狂　為南歸[illegible][illegible]未見　守至申正始漸歛　開行十二里　抵青浦泊　時酉

初一刻　上岸閒步　今日滿擬可到嘉定　忽為風阻　可見凡事之不能預料也

二十八日晴　寅初開行　午正二刻抵嘉定下榻怡慶租棧　親友多有在河干迎候者紛
裝既卸即至符氏吴氏兩家親長處請安　余自己未入都後離此已三十八年　昔
時童稚半已中年　昔日中年俱成老邁　且地經兵發　城郭猶是　屋宇皆非　不勝
撫今追昔之感　晚間便飯兩席　廣侯因公至滬　亦於本日到嘉　發家信
二十九日晴　東南城謝客　下轎者廿六家　分午前後兩次出門　尚不覺累
三十日晴　西北城謝客　下轎廿八家　酉正始歸　竟日應酬　頗覺乏矣　吴氏表妹自
大場來　朱棟甫送席
四月朔日陰雨　詣施相公、都察司、華仙師、城隍神四廟燒香　至寶岩處久坐　陸
寧晴柏同郎
眉五自太倉來　是日客來絡繹　應接不暇　並有女客其訴苦黄鼎幫助者於無
告者

奇不有可見物力之艱難矣晚间周斐卿招飲集廣侯宅眉五即晚登舟回樓

初二日陰雨 竟日應酬并配送禮物晚间賓岩招飲席甚豐 濟平送席

初三日晨雨午後霽 至南翔謝客在公和少坐晤張禊亭王雨湘顧曉樓陳春泉諸君

申刻回城晚间洵侯招飲 發家信

初四日晴 至婁塘謝客在陶綸卿處少坐弔潘慎甫晤秦佩卿申初回城至賓岩處

久談抵棧則又高朋滿座矣 程蓮孫葛揆伯公和醬園均送席 汪子安又送一品

鍋

初五日晴 展外祖父母岳父母姨丈姨母諸墓松楸無恙頗以為慰 晚間杏宜招飲 大姊之

之殁距今三十三年矣墓在城西應修葺度初六起延請羽士設壇拜大悲懺三日

即晚淨壇子正始畢料理一切丑初始得就枕 唐雲坪送席 綸卿之壻

初六日晴 大梵懺第一日莊嚴齋整規模肅穆得未曾有下午樵雲舅氏招飲

男客女親絡繹而至早晚開飯十一桌 朱蘭舍送席

初七日晴 大父忌日男客來拜者五十餘人女客四十餘人早晚飯男四席女七席晚飯男四女

六大梵懺第二日晚設水火鍊度寅初始畢 棲楨兄初三日安報 沈穀生送席

初八日晴 大梵懺第三日男女客仍不少早飯男三席女三席晚飯男五席女六席 葛

履安招飲申初赴之酉正即歸 發家信

初九日晴 下午微雨 展胞伯大父墓久缺省視徘徊久之 鎬生處午飯 維堪草堂晚飯

初十日早間微雨午後霽 伯父九旬冥誕延僧拜大悲懺三日有吟禪和尚者為嘉定集慶

寺名僧四十年前曾見閔其人尚在現客滬城特邀之來放燄口一壇年七十七規
模自與衆不同也午席男四女三晚席男六女三 嵩雲暨伯厚新甫家各送席
十一日晴 大悲懺第二日客来絡繹午後化庫 女客尤衆酬應竟日頗覺憊矣益
揚多慈除靈往拜之 樓楨兄取合安報午席男四女三晚席男五女三
十二日陰雨 大悲懺第三日放燄口午席男三女二晚席男八女三嘉俗所謂滿算夜
飯也 發家信 星垣送席
十三日陰雨 茂生招飲午後東南北三城謝客梁孫其華卿昆仲暨朱芸生各
送席
十四日午前大雨後霽 西城謝客延道士設壇打醮鎮宅以祖棧米穀不無狼籍也裕亨善

昌自岳王市來

十五日晴 副府廟燒香 本境土地 至各親長處辭別 料理一切雜事以應接殊苦煩冗

十六日晴 辰刻登舟 翰卿同行 酉初抵太倉下橋陸宅 接楨兒十一日稟 并發家信

十七日陰 早間微雨 出門謝客 晤王逸侯 金稻光 下午眉五設席 西稚泉 俞子美 金伯光 錢伊臣 在座清談 敘舊頗為暢適 在嘐時所不可得也

十八日晴 與間北門外地名三圖有張氏女生有廢疾 善六壬 翰卿桐侯均深服之 早起偕翰卿 眉五往占家宅 近日在東城鄭姓親串家 所言輒中 亦神術也 下午伊臣招飲 同席諸君殺、昨多一籌 伊臣言亦樹田寓 已子初乃郎

十九日晴 看錢敏肅公專祠 規模宏敞 尚未竣工 有應商數處 一一為伊臣言

〻下午子美稚泉伯允裕飲集伯允處席散後伊臣來寓叙談

二十日晨雨即晴 早起收拾行李未正登舟翰卿眉五真卿均同至船中少坐而別酉正抵崑山東門外泊進城閒步

二十一日晴 寅正開行午正抵蘇泊舟新學前盧下榻彦侍寓齋歷叙闊衷深慰渴念接十六日安報發家信

二十二日晴 出門謝客晤中丞衛靜瀾同年蘇府魁文農太守任筱園中丞黃芍(彭)亭中丞在信昌成午膳回寓後經伯宜孫先後來晤

二十三日晴 早起偕彦侍至玄妙觀一看并遊怡園顧子山觀察別墅結構甚精山石尤勝午後答蔣幹臣惲妍來并晤朱友柏世丈晚間彦侍設席蘭墅宜孫

竹来在坐 接廿一日安報 並家信

二十四日晴 早起收拾行李 仝坐船移泊閶门 偕彥侍易坐快船至虎阜一眺 兵燹之後滿目蒼涼 不禁感慨係之 往還順道游吴園 現改八旗會館 留園 即旭翁別墅 吴園古木甚多 惜少修理 留園結構精密 木石均佳 吴中多別墅 於此觀止矣 回舟抵渡僧橋與彥侍握別 在信昌成晚膳登舟

二十五日晴 寅正開行 竟日南風 撥縴前進 申正二刻抵平望泊 登岸閒步至龍華寺 寺僧正在禮佛也

二十六日陰雨 寅正二刻開船 午初過嘉興 仍撥縴而行 申初至陡门 阻雨即泊

二十七日午前雨 後陰 寅正開船 申初過長安壩 酉初抵許村泊

二十八日午前陰後霽　寅初二刻開行午初抵家二中大小平安深以爲慰惟誠翁久病不支已於昨午作古廿年交誼古道可風閒疏殘之前尚詢余歸未不禁悽惻深之

二十九日晴　親友知余旋杭相率來看竟日酬應至晚始畢〔程蓮孫乃郎來應歲考即留下榻〕王退圃閒步

五月朔日陰　若笙鞠甫先後來久談

初二日陰雨　奠誠民與子展昆仲相對久之〔詳细病狀并生前賬目〕爲之惻然　丁松生夫人除靈往拜之　仲良中丞銷假拜客久談　唐其翁自山莊進城言新堂欄土已於二十八日立好森兒盖先一日出城次日傍晚始歸也　○星晚陡患寒熱浸成溼溫之症本月初九二十二兩日均大戰大汗幾瀕於危先星家人見病勢日增醫藥無主電請輸卿坐小輪船於十四日早到杭一切悉聽主持輸卿荐陳默孫少尹松興

吳心伯一同早晚診視幸兩人意見相合審病立方不致歧誤至六月初十日
參耆迭進犀羚諸々而翰卿以為非此不可放膽服々遂以收效
始得退熱嗣後漸次調理日有起色翰卿又相伴月餘至七月十二日回嘉今
年炎暑逾常翰卿往返長途早晚照料歷兩月之久其情致可感矣余以此番病
起不啻再生々慶痛定思痛萬念俱灰數月以來悉心調攝屏絕應酬至
九月杪眠食均已如常而精神步履尚覺軟弱仍未敢出房也 九月二十九日補記

十月初一日陰雨　仲堅回晤，今其整理租務也

初二日陰雨　近惠便红将及十日，今早甫止，溏泄舊恙数日来漸有瘥意，

可喜也

初三日霽　作翰卿信，高嶲生同年偉曾自秦假歸来晤，久談，甲子京華一

别，于今二十三年矣。琳粟夫人觭坨子惠约同来商塋地稞々藹事

初四日晴　張寅伯来商件，午後並退圃、閬步、雲屛夫人来譚

初五日晴　新授衢州府瑩至回垩到省来晤，樞垣舊屬也，並談久之。楨兒信，唐其

翁並花園，便添購塋樹，接汪若卿江西信，言現在調署奉新，並已調補臨川

矣。卓然来談

初六日晴 嵗卿来晤 諸敷伯来敘 託商訂鄒仲章（餘杭人）館事

初七日晴 接飛千信 向華仲行止 即復之 毓兒痰厥舊恙連日又發 殊為焦慮

初八日晴 作少沭延甫信 延甫近為創辦平湖田務也 王逸侯自太倉来 以晏慶盤桃四株移贈 栽之退圃 於花果中又增一格 馨吾夫人病故 公頌臣即日馳歸

初九日晴 作竇岩信寄初十 復暉吉事

初十日晴 汪子用来 仍為夢九處營地轇轕事 頤子威奉飭赴長興任 来晤 逸侯来閒談

十一日晴 接蕭杞山信 新授浙臬 言將迎擢北上也 逸侯来話别

十二日晴 子惠夢九先後来亦擬明日赴上埠嶺 先塋閲看工程以毓兒痰疾屢發未已未敢遠離也

十三日陰 午前褚伲常同年自蘇来久談時將營葬也午後穀似来商榷溪園務子虞留館出京来談都门近事

十四日陰 手撰上埠嶺墓記一篇勒石 祖塋以示後嗣姨甥葛揆伯同姨甥婿湯孝自嘉定来因與汪子安鹽務之交涉也

十五日陰 作幼筠信午後少伯来暢談

十六日晴 周彬甫愳棣得海運津局伸董差来見甯垞之令似也揆伯事仍許公魯来托其轉商賈之午後賈之来晤詹談調處之策 至退園閒步

接翰卿信，為擬晚香小築楹聯，曰：清風明月何時無，記前塵夢幻，儘偷閒脫巾讀畫，拄笏看山，總覺得利鎖名韁，不如老圃布韈青鞵，從此好趁暮草飛騰，聊就近疊石栽花，疏泉種竹，却早與鶯盟燕約，還我西湖。此聯氣韻絕佳，惟暮草飛騰四字尚須與義卿酌之也。

十七日晴。邵小村新授河南臬司，請假回籍，過省來見，藉詢近日時事。毓兒昨服十味溫膽湯後，痰疾略平，為之稍慰。

十八日晴。盛旭翁來久談，馮星垣、張潤和自嘉定來，為南翔萬新醬園事。

十九日陰。程藝甫自上海來，壽孫之生母盛氏自湖南歸。

二十日晴。先太夫人見背倏忽大祥矣，霜露載更，音容宛在，感慕之忱其何

緒己親友来拜者内外共五席　润和星垣回哆

二十一日晴　五十七歲生辰年来六旬而病魔纏擾竟頹然以老人矣唐其莭自

瑩次帰與論工程大概情形　克齋到館　作寶岩信

二十二日晴　作仲堅信松泉裕亭先後来談即托松泉書墓記撰伯嘉

回哆滬

二十三日晴　接寶岩九日信言凌壽麕空事駭詫之至即作復書請其商同仲

堅為懲前毖後之計　程藝南回滬

二十四日晴　鞠甫来交此堂書并寄鹿茸兩條攤皮袍褂兩事徐孫麒　承祖　姚子良　文棣

自日本貽書詞意均拳拳也午後孟退圓補裁竹樹稍稍行動筋骸皮膚覺流利

二十五日晴 午初出錢塘門坐船赴山莊申正上山詣各塋行禮畢周視各項工程

自三月以後未能赴工者七月有餘矣現在錢夫人新塋已報工竣 祖塋修理

及半年內如無雨雪當可全竣也 王馥生在莊繪山向圖

二十六日晴 午初上山行孟冬祀墓禮 楨兒於早間出城也 酌定祀土神亭及

是詣命碑亭各部位周圍墻垣亦已築齊規模頗好爲杭俗所無夜與

故親把作論來年各工事 楨兒即日回城

二十七日午前陰後晴 自山莊回城申初到家

二十八日晴 卓然夢九來談作竇岩仲堅信合一函 森兒至毛家埠看修理

祖塋工程

二十九日晴 子用来论梦九处垄地事接坊翁信知其闻讣丁内艰即日旋甬汉事

正暨心窝系之灯下作彦侍信并复汪守安

三十日晴 蔺坨梦九来论商垄地事接戴延甫信近于新埭代置徐姓住房

一所作为租楼计价洋六百八十元

十一月初一日晴 甘卿来谈刘吉园镇军祥胜以前日军装局失火毘连军火局情

形可险万状来商弭患之计情甚迫切即函致若莹少伯松生诸君商其公

呈请将军火局移设城外事関地方利害不林而为大府透切言之也许贯之来

论葛揆伯盐务事 作书慰馨吾断弦

初二日晴 作戴延甫吴仲竖信 卓然来谈 闵循陔来论松泉处开化盐务

初三日陰夜微雨　蕉孫來談

初四日陰　子惠來談　接鐵珊信以近刊家集將請渠作序言并寄還韓門綴學二冊係借之丁氏者

初五日晴　黎明沖局橋失火相去甚近巷口新屋尤爲可險急趕看視幸不久即撲滅

此被災小戶已二十餘家矣（旁注：舫芬梅盦來談）據述情形仍係匪徒縱火所致實堪痛恨親友陸續來

問慰孫竟日偕晚琳果夫人來仍爲營地事情甚殷切再三勸慰之擬定遷

葬之議夜與唐其吵（旁注：翁）談營工及種樹事宜其翁明日即將赴莊也

初六日晴　穀士來商定南翔營園事兩家合股擬號曰梁賓康男係兩姓諧

聲賓康則中有王字康則廖字起首也爾堎來談並退園閒步

初七日晴　陸庚甫許公魯潘子饒劉吉園先後來晤　接翰卿信寄到代擬

病榻絮語穪接彥侍信，前托訪訂刻碑〻人，恃的刊墓圖墓記也。義卿來酌定
翰所所擬長聯：日清風明月何時無，記前塵若夢儘偷閒，脫巾讀畫；桂
笏看山，總覺得北去南來，不如老圃。布韈青鞋從此趁暮景，來園聊
就近疊石栽花，疏泉種竹，亦頗似地生天作，合有新堂。又義卿代擬兩聯，一曰：
鄰曲舊綢繆，喜自從今車馬無喧，晨夕可從村舍數家園林結構恨不及
果蔬早植，春秋時奉板輿來，一日一邨一壑亦經綸，自乞養南歸，嵇頓得地
勢崎嶇，化為橫嶺雙塔雙峰相映帶，試憑高西望，分明是天懸浩蕩賜
與全明湖，皆傑作也。
初八日晴。恆岩自西興來，竹魯自桐廬來，喬垞、夢九先後晤談，夜與唐其翁

論塋次情形所有一切事了各工已為安排妥貼今日自山莊回城也復彥侍信訂

定刻碑人王鳳章屬其速來

初九日晴 少伯松生來商遞公呈事 請將火藥局移設城外 少伯留同午膳 汪子用來閒 着吉蔣九慶煊找事

談接寅山石仲堅信 淩壽虧空已徹底查出實虧錢三千串 荒謬已極 可恨可恨

初十日晴 喬垞來談公呈稿 松生草創之 蔡箴刪節之 同人意尚未愜 屬余為

之酌定 因就兩稿合成一稿 函商芸松二君 均以為可 遂定議 烏琳界夫人來

十一日晴 子惠子用來 子用留此同午膳 西湖左公祠落成 同人約集閱視工程

令楨兒赴之 是日呈遞公呈 余與芸箴又加函致衛中丞 洵侯自嘉定來

十二日晴 大雪 芸史來晤 昨與洵侯同舟到杭也 連日迭接寅岩仲堅信 均為清查錢

務事

十三日晴 夢九来商件復竇岩仲堅信并致馮星垣滙洋欵為新設質康之用 兒懋輩赴上埠嶺省墓 接彥侍書言刻碑人王鳳章准月内来杭

十四日晴 復戴延甫信寅伯来談

十五日晴 頌臣自婁回省 毓兒夙疾漸平可慰 大孫女患喉症頗劇 吳心伯診之以應手為幸 傍晚退圃閒步量定遍對尺寸

十六日晴 夢九来應敏齋方伯將回鉛郡来晤久談省中勸办順直賑捐輸洋四百元

十七日晴 蔣巽卿自鄞来 大孫女病勢漸退可慰

十八日晴 酌定東院新屋正楹曰誦芬仙館船廳曰歸舟平臺曰藤花榭

十九日晴　近日客来較少，家中病人亦以次漸愈，心境頗覺閒適。

二十日晴　接潘蓮甫信，論棧務及暉吉信昌成事。

二十一日晴　松生来談。

二十二日晴　復蓮甫信。李保之、裕亭来。

二十三日晴　夢九来。戴延甫第一次送到平湖租米三十五石。

二十四日晴　陳墨孫松赴温州釐局辭行，余以其次大病深得其醫調之力，家有病人特来診視，亦多有效，故蹤跡甚熟也。卓然来談。

二十五日晴　廣生將回里，来晤。傍晚寅伯来談。玫彥侍書杭西涌芬館匾額。

二十六日晴　松泉来久談。燈後行冬至祀先禮。

二十七日冬至節 晴 作翰卿信属商歸舟跋語

二十八日晴 接寅岩信

二十九日晴 旭翁来谈 作寅岩、仲堅、蓮汀信

十二月朔日晴 子玖自浙东按試回省来晤久談 錢夫人忌日 日月不居 大祥瞬届 感悼殊難自已 親友到者男客三席 女客二席 刻碑人王鳳章持彦侍信到杭

初二日晴 連日胃氣不舒 請吳心伯甯方服之

初三日晴 少伯冠三来谈 接沈潔齋蜀中書 言現卸署藩司 留省署鹽茶道 接子授信 并惠寄高麗参一觔

初四日晴 挈銘孫黄泥嶺展墓 緣修理先塋工竣（補加碑兜金一道）並按譜補立四世祖元堂

告成也界内周圍鋪添栽柳杉松樹百株 歸途至跨虹橋左文襄祠一看規模閎敞為近日專祠之冠 渡湖登岸至三雅園喫點心進城已向晚矣 接彥侍信寄書件来

初五日 晴 巖卿來談 商量左文襄像贊文曰 巍巍我公 為國畢棟 大星儀沈 天下所慟 昔在庚申 賊陷全浙 公實勞師 遂清妖孽 樞垣侍漏 懽若平生 出入將相 克終公垂大令名 跨虹橋畔 丞相祠堂 遺像在茲 民之不忘 恆岩移寓巷口新屋

初六日 晴 芸史冠三沈季賢來談

初七日 晴 胃氣稍舒 仍請吳心伯易方

初八日 晴 巽卿赴鄞 琳粟夫人患時症頗劇 午後乘輿往視之 并荐吳心伯診脉

初九日晴　接翰卿復書為酌定歸舟跋語曰舟可以行遠順風破浪揚帆瞬息千

里然風濤駭浪亦往往有之知進而不知退信不可放舍自乞養歸就屋後

隙地構數椽以容與而偃息焉是固舍之舟也因顏此而繫之以銘曰

廣月洵門横琴雲際豈翳巨川曾是莫濟坎止流行動定一致邇聞

之航而險是避懼褕余載卿息我棲泉稿係克齋手筆銘詞則翰卿

所加也

初十日晴　文保鮮館面晤堯臣同行趙洽甫自嘉定來

十一日微雪不及寸　天氣始寒

十二日霽　洵侯面晤

十三日晴 午后看琳果夫人病 嘉定郁海琴来 可謂突如矣 作賡岩信 寄年敬單

十四日晴 甘卿 芸史 裕亭先後来談 趙漁南 田畯 郁海琴同行

十五日晴 接仲良四川信 述彼中大段情形甚悉 又王魯薌復函 蘭言館事深為加意

十六日微雨 接馨吾信 沈師母托取息款

十七日陰 接仲堅訃 樵雲曾氏於十三日作古 作賡岩信

十八日陰雨 作董仁伯信 墓記墓圖刻工完竣 手法頗好

十九日雨 劉吉園来久談 作彥侍信 交刻碑人王鳳章帶去

二十日陰雨 少伯来久談 作馨吾信 并匯沈息 交順臣帶歸 芸史 卓然来

二十一日陰 鞠甫来久談 子惠夢九裕亭来
二十二日微雪 子社卸署慈谿教諭回来談 胡仲基来 商子授富陽事 作汪守安潘蓮甫賓岩信並唁仲堅 錢慕匡回王店廿芸史偕行
二十三日微雪 季葊夢九来 克齋接鈕家信知嵩雲老病增劇匆匆作歸計明早即行
二十四日午前陰雨後霽 子社来談 接賓岩十九日信
二十五日陰 莪卿来久坐 近日胃氣不舒 請吳心伯診之 夜微雪
二十六日陰 子饒卓然夢九来
二十七日陰 松泉裕亭来

此行誤頁

十三日晴　午後看琳粟夫人病　嘉定郁海琴来　可謂突如其來　作寅山信寄年敬單

二十八日陰　連服吴心伯方　胃氣漸覺舒暢　料理年務亦頗碌碌

二十九日雨　甘卿子社来

除夕雨　恭懸神像　竹年祀事　起跪漸覺有力矣　偶至賬房見潘厨子言近在樞署

司庖内外上下共三十三人　每月火食九十四元　柴米魚鹽及厨子辛工一應在内　到此半年從無隻

雞特豚之添菜　每日早點燒餅麻花各一件　静瀾之儉德向固聞之　初不料其刻

厲至此也　余現在家居而餐費特甚　對之不勝愧汗矣　今年家中多病痛

至此一律清吉　闔宅分歲　老懷藉慰

光緒十三年丁亥五十八歲

元旦己丑陰 天地祖先前行禮親友來謁靈者均辭謝以第三新年俗例如此也惟許子社吴盧屏辭之不獲仍行禮

初二日陰午刻稍霽 甘卿恒岩夢九咏懷福錫來謁靈 吴筠丈作古

初三日陰 天氣甚寒

初四日陰 卓然子饒來謁靈 夜微雪

初五日陰雨 定孫女輩奩費章程先立第一號端字摺記其首曰我家孫女輩漸次長成一兩年後遣嫁之事接續而來釵布之需自須預備宜有章程今定爲每一嫁事以制錢二千串爲限凡衣服首飾器用傢具及一切雜

僉需用之件統歸各房自行製辦惟外場酒席雜費另由公賬開支茲先
立第一號瑞字摺由賬房按照定章隨時應付為大房大孫女喜事之
用余以寒素起家托 祖宗庇蔭得有今日凡事不能過儉亦不敢過奢是在
各房之善體我意焉又定兩房公費章程自本年為始由協濟典官利
項下每年各提給錢四百八十千作為隨時添補衣服首飾之用以示限制
而昭平允嗣以大房细弱累重加增一百二十千合六百千二房則仍照定之數各
付之摺由帳房陸續支取
初六日陰 子惠來久談作賓岩星垣信滙寶康款 同吉甫絧齋來
初七日雪霽 松生裕亭來晤談

初八日陰 少伯来久談夢九来論久大事

初九日霽 樊鴻甫馬獻琛来晤澄舟来 夜雪

初十日陰 接仲璧初七日信

十一日陰 接守安初九日信 子社来談 天氣寒甚

十二日晴 立春 開正以来多陰雨今日立春天氣晴霽景象自好 寅伯裕亭来

十三日陰 盛樸人賡来晤久坐自湖南蘇官、没現办寧波電報局 阜然来晤

上燈祀先 夜雪

十四日陰微雪 許星台方伯来久談

上元節陰微雪 接寶山岩初九日信即復之

十六日陰微雪 作仲堅茂生信

十七日晴 雨雪連陰業已匝月至此始見晴霽 精神為之一爽 料理除服事宜

十八日午前霽午後陰 連日布置撤靈祔廟各節 諸臻周備

十九日晴 先太夫人見背倏忽三年 日月不居 哀慕曷極 本日遵制除服 告撤几筵 敬奉神主祔入家廟 親友來拜者早晚內外逾二十席 學政及司道咸集 天氣竟日晴朗 為新正所未有 人咸誦太夫人之福大也

二十日晴 松泉來談 收拾一切 竟日碌碌

二十一日午前霽午後微雨 呈報服闋 並陳衰病情形 請撫台代奏 子饒來談

二十二日晴 幼笙筠自寧波到省 子惠適來 來談 連日令壽兒出門謝客

二十三日晴 琳巢夫人邀往商父大事勸其停止爲是

二十四日晴 克齋到館接竇岩仲堅信 卓然来談

二十五日晴 幼筠来談午後退圃探梅

二十六日晴 作竇岩信 卓然来

二十七日晴 夢九来

二十八日晴 楨兒赴上埠嶺省墓 接蓮甫信 文祿到館孫挈令堯臣同来

芸史衡伯来晤雨 西隠寺住持慧谷挈僧衆十二人自嵊抵杭上年住嘉時有感紗函 朱芸蘭同来 若笙来晤談甚快渠與余俱於上年五月間患病亦至今甫出門也

二十九日晴雨 晨微 往布置經堂竟日碌碌子惠冠三季賢夢九子社松泉来看

三十日雨 吴徵自衢州来 燈後僧衆潔壇 俗謂之薰壇

二月初一日雨 開壇拜大悲懺三日為先光祿公 太夫人資冥福 僧衆虔誠規模整肅 親友来觀者均以為得未曾有 榖士来久談

初二日雨 大悲懺第二日 芸史伯雨来談

初三日陰 大悲懺第三日 放燄口一壇 親友来觀者 晚膳內男外各兩席

初四日微雨 衆僧休息一日 往天竺進香 作星垣茂生寅岩信 晚酌文緑克齋諸君

初五日陰雨 第二壇拜大悲懺三日 追薦錢夫人 子惠来談

初六日陰雨 第二壇第二日 若生少伯貫之子用諸君均来看 林雲溯自龍游歸

初七日陰雨夜微第二壇第三日夜放燄口

初八日陰 衆僧休息今謝榮引至湖上一遊子玖將按試湖東辭行久談晚酌

唐其翁吳瑞徵雲閣卓然少湖銘齋諸君命森兒陪

初九日晴 第三壇第一日懺[拜梁皇]三日向[追度鈞兒]晃卿人冠來晤請松承代書楹聯三副送

慧谷雲鶴心泉三禪師 慧谷聯曰禪月西隱戒燈東焰法雨一潤佛日重

光雲鶴聯曰月照千潭松寒萬嶺鏡開八面燈傳一光心泉聯曰智炬

增輝掃諸五蔽性海無底攬彼十名皆集唐碑句也尚有一聯未用曰八

正齊列三乘並舉意馬早縶心猿不外

初十日陰 梁皇懺第二日親友來觀者晚膳兩席 張菀生濬萬來晤

十一日雨　第三壇圓滿放燄口一壇　接金惠甫信

十二日雨　料理衆僧回吩　朱芸史生同歸

十三日陰　樊鴻翁冠三夏弟先後來談

十四日晴　仲昭洵侯來晚酌春浦邀寅伯龔甫子社子用松泉諸君陪春浦近為余辦理筆墨也　朱蓉生一新自金華來省

十五日晴　先光祿諱日歲月如馳至今已二九周矣本屆自始遵照二程全書敬奉兩大人神主出至正寢設祭覺僾見愾聞愈形真切也晚以餕餘酌芸史伯雨仲昭洵侯諸君令楨兒陪　子惠來談

十六日晴　穀士辭行押運北上　裕亭赴江蘇

十七日午前晴午後雨　子惠来復高夢九處墊地事決裂之後前途又思轉圜也

十八日陰　劉吉園来晤吳瑞筍辭回衢州　夢九来

十九日晴　喬垞来作媒先送地腳枕也俗高白圩孝廉之第三子與四孫女湘宜議姻張　尊三来晤潘子饒来

二十日晴　經桑同至邵芝岩筆店看春蘭佳種甚多室宇精潔盆架亦講究足供清玩主人樂此不疲花時客来絡繹應酬亦不憚煩也

二十一日微陰　林雲閣来載延甫自平湖来交上年租帳計十二年分共置田五百十畝零應收米六百十石零計價洋七千〇二十元另置棧屋價洋七百餘元除錢漕雜用外淨餘食米一百七十石洋四百三十五元以母權子穀之嘐產

相去懸殊矣 少休 送徐竹筠奉增山水四幅 徐鍔卿琨惟隸書四幅 筆墨均拙求

之特流未可多得也

二十二日陰 若笙来談

二十三日陰 看鄭沛時病 即請做媒 阜甡来談 接寶岩信

二十四日晴 紉秋均来談 退園梅花盛開 午後閒步一回 並看視安設匾聯

二十五日晴 吴春泉太守来久談 文綠因夫人病回暇 送四孫女年庚 仍由喬

垞婿送高宅

二十六日晴 延甫来談

二十七日晴 張潤和星垣茂生自嘉定来 年姪紫岩知州分發廣西来見

晚酌延甫子饒芸謁人仂雲筠

二十八日晴 倩山陰王馥生繪畫五十八歲小像獨立圖 見者均以爲酷肖逼

守安自蘇州来

二十九日晴 作賓岩信 子社来談

三十日晴 錢夫人除座祔廟兒輩釋服三年一瞬追悼曷已親友来拜者

早晚各設八席男六女二

三月朔日晴 與守安談信昌成事 與星垣潤和談寶康事

初二日晴 夏蕃萬九卓然雲閣子饒来

初三日晴 豐雲鵬都轉来 晤潤和星垣莜生回明

初四日晴 馨吾自婁来守安回蘇 下午偕馨吾頌臣子展挈楨兒出湧金門試步嚳若之雅園往還尚不嫌力 歸途見舊府前大火 接電報代奏一摺奉十月初七日硃批王文韶著俟病痊後即行來京聽候簡用天恩高厚非夢想所敢期病體未復未能及時報效為憾耳 致蓮甫信 言信昌成事 夜微雨

初五日午前陰 午後霽 黃元甫来 言書院朔課改為[illegible]子院一律扃試住院士子攔藩輿遮留求免洶洶之勢幾至生事本定明日開課現已暫停月課商試本可不必而士習囂陵至此亦人心風俗之憂也 偕馨吾退圃閒步

初六日陰雨 甘卿来

初七日霽 應敏齋来久談

初八日陰大風 幼筠延甫来琳粟夫人来病後初出内 晚酌馨吾甘卿松士恆岩峻臣邀
寔遠陪 接仲堅信汪蓮汀以猝中身故

初九日晴大風 吴春泉太守来談接金忠甫徐兑曹晨書二月三日均有所述作實岩
仲堅信 兒槐輩赴上埠嶺掃墓

初十日晴 馨吾回婁許子頌楊春浦来論書院事

十一日晴 少伯来暢談接實岩初八信

十二日晴 清明節祀先旭翁来談松生来論書院事

十三日晴 寅伯元甫来論書院事午刻出城坐船到山莊唐其翁先到

十四日晴 晨起上山恭謁 先塋各項工程將次竣事 祖塋新加修葺規模

宏敞氣象大好墓道门外高三尺本日辰刻換柱周視松楸均欣欣有向榮

之象可慰也午後小憩元甫来仍商論書院事傍晚出门閒步

十五日晴 午前訪江小雲觀察久談午後子惠来少坐 赴塋適此 傍晚步行上山看

視工作周歷各塋瞻眺久久 墓门外高三尺甚覺軒爽

十六日晴 晨起擬至水口靈官殿看香市途遇朴雲攜杖過訪即偕同前往小坐

啜茗深得閒曠之趣回至山莊留午膳談許久並縷述家事有北上就養

之意下午上山叩別 先塋徘徊良久歸途已夕陽在山矣 其翁進城

十七日晴 晨起登輿過新涼亭適毓兒展墓留片刻巳正到家寅伯元甫

来傍晚偕少伯處同訪茗笙商論書院事即留晚膳陣雨閃雷候

雨稍止歸將二鼓矣　接子授信有歸志　若笙出示徐小雲信頗有所述
十八日晴　寅伯子重春圃元甫来仍為書院事昨與若笙少伯商定作公函致薇
垣房轉園討[redacted]若笙擬稿當即繕送鞠甫来久談晚餞松泉邀子惠冠
三保〻夢九徵懷陪上房請雲屏夫人席散與琳果夫人久談
十九日晴　接星垣信言茂生病劇心竊慮〻下午退園閒步
二十日晴　春圃幼筠来談作守安蓮甫寅若信　松泉辭行北上
二十一日晴　寅伯子重元甫来
二十二日晴　延甫辭回新埭新購洋水龍一架交劉吉園經理〻名〻曰保泰
水龍本日送至退園一試甚爲便捷出水亦高洵禦災妙製也

二十三日晴　訪筠辭回寧波　下午送雲屏夫人暨松泉行　病後衣冠出門

自今日始

二十四日晴　天氣驟煖　牡丹盛開

二十五日晴　洵侯回郡　星五方伯信來言定於二十八日開課

二十六日陰　黃泥嶺掃墓並至雞籠山族曾叔祖母塋一祭（即羅理泉祖姑丈之岳母）經葬

偕往偕還步行約十餘里尚不覺勞頓　接蔣茂生表弟函　凶問驚悼良深　符氏

之喪遂至於此可慨也　許星五方伯來未值

二十七日晴　長媳蔣氏生辰

二十八日晴　全眷游湖　夜微雨　文祿克齋到館

二十九日陰 毓兄生日 唐藝農觀察来晤少伯寅伯先後来談

四月朔日晴 蕭杞山廉訪到省来晤久談述恭邸拳〻之意殊屬可感 初芝巖邀看夏甯階偕經翼恆若前往一游 歸途豐樂橋吃點心 嵗卿自黔到杭仍館粮署

初二日晴 喬垞来送白妹處喜帖 杭俗謂〻小禮 定於初九日締姻 作寳岩信并慰符氏寄母送賻分

初三日晴 玫彥侍書托買犀 姚孝梅司馬来談

初四日晴 復忠甫信寄沙光閣捐項百金另函致恆和汪晃山滙銀款

初五日晴 若笙之金夫人六旬冥誕在鳳林寺禮懺三日約夢九同楨兄前往

照料一切夜微雨

初六日霽 林雲閣辭回龍游夜雨

初七日晴微陰 周笠舫世兄來請 自宜興来筱棠之胞姪詢知係清理胡氏款項也傍晚退園閒步新綠正濃頗愜幽賞

初八日晴 頌臣赴嵊縣並攜局馨吾以張貞女[illegible]課寄示時翰卿在要同為、代占也

初九日晴下午微雨 四孫女締姻高氏白妹之三子爾 本日兄吉男媒周肅垞女媒鄭沛時沛時因病不能到以丁倚甫代之視友来賀者男客四席女客兩席晚間看、戲法作竟日歡

初十日晴 詣親高白叔來會舊有世誼今日一見庶以後便於往還也午後旭翁來談時卸署臬篆移居楊倿子巷宗宅

十一日晴 答親高白叔順道拜客晤鄭沛時丁作舟夢九與琳粟夫人談家事衣冠出門拜客自今日始 統兒歸東山衙

十二日晴 吳春泉太守來晤出門奠吳筠丈本日百日 至東山衙 統兒處午膳上城拜客晤靜瀾中丞星台方伯弁至碧筌處均久談答杞山他出未值

十三日晴 午前詣鞠甫久談順道答寅伯龔甫午後退園消步

十四日晴 江爾祉來晤下午許星台方伯來久坐下午旭翁便衣來談現寓上時官四川永寧道一墻之隔也閱電報沈潔齋有開缺送部引見之旨宦海風波甚不可

測也如是 接馨吾蔚庭書

十五日晴 甘卿寅伯子頌來午後出門拜客晤少伯子惠唐藝農接賓岩信

三孫女與伯文之子長官締姻擇吉於二十日舉行男媒陸頌臣女媒莊恆岩

一切由恆岩爲之料理此係錢夫人暨鈞兒兩代遺意因連年家中多

故今始文定也

十六日晴 鍾併懷締姻高隽生移居均往賀之便道答客

十七日晴下午微雨 兵部主事于章粵式枚來見廣西賀縣人庚辰庶常是科讀

卷門生也氣宇極好喜議論時事於余尤有惓惓之意姚季梅司馬來

晤寅伯春浦仲屏元甫同來仍論書院事傍晚步訪旭翁談

十八日陰雨　午後出門答瞿子玖學使久坐順道答容

十九日晴　子玖學使来久談午後出門晤汪子用許公魯均少坐沈季賢来言閔神機營開捐將赴京以来機會出示抄單深堪駭歎如果屬實杞人之憂將無有已矣

二十日晴　三孫女締姻一切均與初九日同下午琴舟令嫒許字餘杭孫氏亦於（至襄塘巷道喜）本日允吉也而辰家析產親友咸集友爲少伯親則金心伯沈琢章鄭芷祥及余一切均卓然爲之料理亦煞費苦心矣夜膳後歸看戲法殺兜目尤勝

二十一日晴　衛中丞来久談德静山都轉壽到省来晤述恭邸拳拳垂念之意并頒

寄詩稿政可感也旭初来談甫垞偕琴孫来見午後出門拜客在宗文義塾

少盆晤喬垞敦伯吴子完寳鋆

二十二日晴　鞠甫乃郎佛姻賀之即留午席　杞山廉訪来久談静山都轉之幼恭

御寄贈詩稿三册曰萃錦吟皆集唐詩也閲之知其近年家運迍邅心境抑

塞有非人情所能堪者回首前塵感喟曷已　崇受之寄惠蒸餅　上用黄米粢餻兩小袋

二十三日晴　午後退圃閒步滌峰来晤

二十四日雨　若笙之弟夫人四旬誕辰冒雨往祝之曾生兩女若兄視之有加禮也

農田望澤得雨可喜

二十五日陰　作舟松生之令姪佛姻賀之陳仲英自金華到省来晤久談

二十六日陰 宗文義塾補行月課卯留午膳自去年六月後不赴者已一年餘矣午後拜客晤德靜山都轉卯托寄復崇受之信 豐雲鵬觀察商安置流落旗籍增穎事

二十七日陰 德靜山豐雲鵬先後來晤仲昭自曹娥江差次到省

二十八日晴 陳六笙太守璚來晤廣西人善書曾請作藤花榭及拳石山房兩額夏厚葊來談

二十九日晴 午後出門拜客晤吳廣屏夏厚葊下午貫之來久談

三十日晴 劉吉園來晤候補縣但懋祺來午後拜客順訪少伯就晤何青之翁談至李山衖看毓兒近來精神頗好夙恙不作可慰也

閏四月朔微陰 午後拜客晤甘卿談荅杞山未值仲英已行矣

初二日晴　若笙處午飯是日有餞局也少伯熙青巖少山金子雲同席

初三日晴　白好来談午後寅伯壽浦来夜微雨

初四日雨　吴春泉太守招飲午刻赴之若笙少伯子虞同席縱談甚適

初五日霽　宗文義塾月課下午子用子虞招飲若笙少伯白好元甫同席談讌之精一洗俗套固子用之所長也

初六日晴　訪旭翁談并致杏孫信托馨吾事

初七日微雨　豐雲鵬觀察来晤言增穎已妥為安置矣午後至狀元衖聽戲竟日歡是日兩嫂丁安及夢九夫人同拜鄭老太太為寄母吉祥善事熱鬧非常

初八日晴 訪夢九晤琳果夫人久談至毓兒處少坐

初九日晴 鄭宅聽戲冠三今年四旬以錢局爲名借此一叙也旭翁若笙均在座若翁興致尤佳歸已子正二刻矣 復馨吾信

初十日晴 竟日無事意趣頗適

十一日晴 施伯銘沈舜輔並添經來晤子社自寧波歸

十二日雨 侯彥侍信久不至因其病作函問之并致蒙若仲賢信 松生昨來未值往侯之晤竹舟談

十三日午前陰午後霽 詣琳果夫人談裔垞處晚膳爲調處琴孫事白姑子惠均在座

十四日晴 樊鴻翁来談午後狀元街觀劇公局也子正歸

十五日晴 賀杞山進署荅白姊昫晤談恆岩自蘇省墓帰言彥侍病甚劇心竊慮之

十六日陰雨 茗笙元甫来

十七日午前陰午後雨 姊倩自儀徵来叅軒自江西歸鄱陽自瀏河到省先後晤談

杞山来久坐

十八日霽 荅姊倩住恆岩寓 文綠亦至談久之

十九日陰 連日感受風邪牙根作痛牽及右偏右頰亦微腫請吳心伯診之

二十日陰微雨 鞠甫来談琴孫夢九先後来下午牙痕愈甚至晚腫破見

血頓覺輕減夜睡甚安

二十一日雨 酌施伯銘姊侯孟楊姊魯洵侯廉屏伯恆石松士陪是日以避風未見客令楨兒代之 請吳心伯復診言風邪已減餘熱未淨尚須清解

二十二日雨 午前得透雨農望大慰 子社來談

二十三日晴 楨兒赴嘉定午刻登程假道蘇州問彥侍病文綠解館同行楨兒生於京師從未到過嘉定此次以午節龍舟盛行屢召再三邀往也若筆來久談即同午膳接芸史兒日潞河信述穀士贈致語

二十四日晴 丁仙譜鶴年自湖郡到省來晤久談詢知文之忠之後僅存一嗣孫年祇數齡追維陳跡為之愴然夏孚菴來談家常久坐 姊侯因儀徵

二十五日雨 擬赴山莊因雨未果學院科試畢本日叅謁孟張屺堂乃郎許子社令姪吳仲屏乃郎陸點青令孫吾家道喜答丁仙譜太守未值孟揚來久談

二十六日晴 唐其翁來作子授信詢侯松士回嘜

二十七日陰 奠施九韶順道會客旭翁便衣來談 孟揚留嘜附寄子森兒數行

二十八日大雨早起偕唐其翁擬赴山莊驗收塋工出城遇雨昭慶寺前茶肆小坐雨勢愈大即折回接姚恭六公蓼信急索大參知彥侍服參附大劑後漸有轉機即刻作復并配參二兩寄之 子社來談

二十九日霽 巡軒來論金衢各地方典業情形燈下改馨吾信以旭翁抄示杏孫家信所商已有眉目也

五月朔日大雨 接楨兒廿六日蘇州信言彥侍病象尚未有把握也彭伯衡

世兄虞孫自蘇来晤談良久接幼箴廿八日滙信

初二日陰雨 張大令尊三来見午後答彭伯衡至毓兒處一看并晤卓然

訪裔侘談答琴孫未值 貫之来與商松泉太鎮引地事復幼箴信

初三日陰 改挑公蓼信附函改魁和買参付楨兒數行寅伯来談料理親友

進學禮頗覺煩瑣 鞠甫来即有蘇州之行

初四日晴 周琴孫来面交夢九處資助一款料理節務接楨兒信維亭叢

端午節晴日中陣雨 夢九子惠来至退圃閒步 義卿来談

初六日大雨 作子授信寄同吉月報年總托黃元甫帶京

初七日雨 沈吉甫自名湾歸来晤久谈渠由北来接楨兒書言於初六日午间
平安抵嘉即作数語寄之
初八日雨 闻卓然病即至毓兒處小坐接兆篯初五信知彥侍病漸痊可放以為
慰雨水過多亟盼晴霽
初九日雨 元甫来辭行赴京就親蓍堂来商慶餘事
初十日大雨 霖雨連朝有妨農事潮蒸之氣尤覺困人望放晴益急矣
十一日微雨 昨晚大雨達旦辰巳间漸止仍霏微竟日接楨兒初八日安報
吟城霖雨情形與此间正復相同即日致夤岩數語令其信語平安
松江沈潤甫特霖来見乃祖號熙堂醫業中人也

十二日陰 郭穀哉武昌太守起服到省來晤現辦鑄錢事宜相與談論久之 董小雲世兄號吾自紹興來人頗明穩藉詢吾家近狀 接松泉馨吾信

十三日晴 久雨放晴精神爲之一爽 子惠來久談 帳房友汪寰遠回徽州黟縣籍 家世讀書人甚勤敏上年由保豐調宅頗爲得力

十四日晴 琳栗十周年在海潮寺做水陸前往行禮即留午膳 看白坊諸君圍棋一局 歸途答郭穀哉太守引看機器鑄錢及爐座試鑄各廠 晚連接楨兒初十十一兩信以買婢事請示言星曲侯夫人代覓有人囑其往婁一看 午間發電諭復之 晚間復作函詳致一切寄由信昌成專送太倉

十五午前晴午後微雨 前日有婺湖王霞西耀彼來拜 昨早往答之 知係我家遷杭以前

舊同族，今早来晤，并贈宗譜刻本四本，詳加考訂，知塘湖一派奉千六公為源出遷溪，亦其屬矣

千六公為周□□第六十世孫，於宋末由遷溪遷塘湖

世祖，莫至霞西第二十世，我遷杭始祖湘三公傳至余第十世，譜系無湘三

公，但載千六公十一世孫相三公，湘與相或係我家抄譜傳寫之誤，至千

六公為遷居塘湖始祖，則確有可憑，看霞嶼祖硃卷道光壬辰及金鄉會硃卷均

載入履歷首，其為同族無可疑者。據霞西言，塘湖劉氏現存三百餘戶，

計丁口千餘人，世代讀書者二十餘家，以行輩計之，余與霞西皆千六公

二十世孫也。數典忘祖，昔人所譏，得此可為大快。燈下作幼筠信。夜雨。

十六日　霽，微雨。甘卿来談。看永寧丹院元帥會。

十七日　雨。答吳子修，略談。小暑，聞雷，農諺所忌，未知天意如何也。劉

吉園来言近日各省會匪時有蠢動省防宜格外慎重所見誠然

十八日陰微雨 吴春泉太守来晤談 午後出门答客 看毓兒 并問卓然病 候曉旭翁便衣来談 言仍將移寓安徽館 付楨兒數行寄太倉 夜微雨

十九日陰 杞山来久談 沈小薌世妹自曹娥来 年亦六十九矣 精神尚好 若笙来談 接楨兒十五日安報 言定於二十日赴婁 唐其翁進城

二十日晴 天氣熱 答沈世妹 謝吴心伯五粮 略少坐 與吴義卿并平貝甫諸君談歸途 問子饒病 接姚公蓼信 彥侍病已漸瘳 致彥可慰 唐其翁赴山莊

二十一日晴 早起出錢塘门至山莊 小坐即同其翁銘齋詣塋次 驗收各項工程 所有土石各工一律完竣 土地堂及各塋前次第行禮 周視松楸 規模頗好

墓道大門改高三尺後軒昂開敞甚屬壯觀墓道共長百丈夾道排種柳杉

十年後氣象當更不同矣山神土地特設一總堂在老塋之左亦復自成一

格者工經此番霪雨後一切無恙此後便可放心興事經營兩年有餘工

鉞齋承匙終年駐工始終其事而通籌布置考核精詳庸其爲實

總其成云山莊午膳後至保豐一看到家已酉正矣

二十二日晴　天氣甚熱　莪卿來畫件　送何青士壽對　午後子社來閑談半日

二十三日晴　接楨兒十九日安報　定於二十日開船赴婁　午前訪子社談付楨兒

信寄蘇州　接汪守安信

二十四日晴　早起出門答客　至竹書處小坐　竹書適回嘍　晤其長君艾甫　復

守安公夢廬

二十五日晴　松士自暎來言楨兒已於九晚登舟二十日開行赴婁矣何青耜都轉八旬壽送幛聯各一事幛曰天錫純嘏聯曰東閣舊留題一代争推才子筆西湖今踐約十年重進寓公觴

二十六日晴　接楨兒廿二太倉函婁今已作罷論蘇州安報堯臣到杭趙福運嘉定四十石來

頌臣自峽縣鼈局來省接悳甫十八日信述杜重殿拳拳之意感祁兩觀察來祁辭行回籍

二十七日晴　夢九穰卿來

二十八日晴　葉世鄉之次子少鄉自常州來早起答屺山白坪均晤談酷熱異常僉謂歷年所未有

二十九日晴 早起偕子頌子社子展并挈鎔孫至豐樂橋喫點心 嚴容孫

没至留春園已他出矣 接楨兒廿七日蘇州信言因彥侍病已大好惟尚未

復元堅留小住兩三日辭之不獲惟須初一二動身矣 當發電報令其借

小輪船送歸 以天氣太熱也 時方辰正至未初二刻接回電言輪船已借定

三十日閘往還不及三個時辰亦可謂奇速矣 下午春浦来談

三十日晴 喬塍子惠夢九来 酷暑十日至此稍減炎威

六月朔日晴 午初楨兒自江蘇歸 昨日辰刻由蘇垣趁綻用小輪船拖帶

也 往還將及四十日 一路身體平安可慰 陸元侯同来將赴頌臣差次

初二日晴雨間 早起祝何青翁壽 少坐 午後甘卿夢九穰卿来

初三日晴　毓兒自東山衙歸

初四日晴　魁三來談　連日有風不致苦熱

初五日晴時有雨　料檢新得書籍

初六日雨　天氣頗涼爽　傍晚雨甚大

初七日晴　旭翁來談　約十三日午飯　子惠甘卿來

初八日晴　茗笙誕辰　預辭勿往　即令禎兒祝之　吳春泉太守來論海防捐

安籌將來

初九日晴　子玖學使來久談　茗笙子用何康來來

初十日晴　復劉仲良制軍書　遲延已久　亦精神不振之驗也

十一日晴　何青翁来謝悟談久之復忠甫書

十二日晴時有雨　白牟来談杭通判周季鷹炳熙来見善昌薛田岳王市

十三日晴　早赴至退園安置桌椅與壽具盛旭九翁招飲午初赴之名筵暨杞山廉訪燕農觀察同席叙談甚適厨子頗佳妙係清而腴言於自常州来者中丞邀飲後夜偕磨其翁談塋工日間正與石匠結帳也

十四日晴　接沈濬齋上海来書并寄到滬千信宜海風波不可測為之憮然

十五日晴　早赴至退園候步子惠夢九来　連日仍時雨時晴

十六日晴　高隽生同年来談　天氣稍熱十日来涼爽太過於田事非宜也

十七日晴　鄂軒来談

十八日晴 潘子饒、高子厚来商東笙事，子厚，東笙之壻也，人極馴謹，是讀書本色

十九日晴 甘卿来談

二十日晴 早起奠吴廬屏夫人、道琳栗夫人喜，是日夢九生辰也，下午赴晋

貫之来，托梓舟寫戲台聯，貫之商松泉處太鎮引地事，周東笙因多疑

多慮致成痼疾，夜飯後送之歸，家叙費開導矣

二十一日晴 蓉子玖晤談，至協濟少坐，旭翁来未值，又到杏蓀處，致會馨番一件

會辦上海電報與學堂事務，兼水月三千元，即作書寄婁午。没劉吉園来

二十二日晴 蓉、盛旭翁晤談，看卓茲病，羸弱殊甚，勸其吃參，以上品吉林老

山上品重五錢貽之，緣早間鄭沛翁来說，非急加培補不可也。天氣熱極

二十三日晴 吉松夫人撤座親往行禮酷熱如昨與初伏相埒數年來僅見也
二十四日晴 酷暑連朝傍晚陣雨甚大為之一快於農田尤大有裨益子開來談
二十五日晴 晨赴訪雋生未值至退圃小坐昨得陣雨後炎威漸殺
二十六日晴 霍子方自紹興到省來見與論地方情形較前大有歷練矣
二十七日晴 答霍子方訪少伯久談雋生來晤新搆戲台落成額曰絲竹清娛台口聯曰袍笏競登場問何如明聖湖邊聞尋水樂管絃傾列坐當記得大羅天上同聽霓裳屏風聯曰佳日數春秋漫許新聲徵下里中年藉陶寫敢將同樂效東山又高冀甫集詞牌名聯曰香山會滿庭芳期夜月傾盃留客住層思新歸田樂舞春風法曲獻仙音上燈後循俗例

破臺亦到處通行也

二十八日晴 萬壽聖節普天同慶演大吉祥班名一日約親友作竟日歡男客八席女客四席便衣便飯不作筵宴故甚頗得灑落之趣

二十九日晴 嶔卿来商制服成誦編並致刑事相俟遺著也

六月朔日晴 徐叶飏寶善来見心伯之子也人頗馴謹有似汪穰卿今年新進

初二日晴 周彬甫自京歸来見藉詢都门近状作實岩信 秋暑酷甚

初三日晴 高海槎来晤

初四日晴 彭雪琴宫保到省来晤老態日增舌強足蹇真可謂鞠躬盡瘁矣對之令人生敬坐定後氣稍聯屬語音亦稍明白情意猶甚殷殷也

初五日晴　早起渡湖至退省菴答彭雪翁出示疏稿懇請開缺回籍情詞
懇切之至　又久坐罄談歸途答客到家小憩定李宗文義塾年膳暨日月課
與少伯及杜春圃寅伯諸君談至申初而散　接戚杏蓀十六日書述肅毅殷
肫之意亦可感也
初六日晴　候補道任蔭南國楨来見年止三十左右也
初七日晴　候隽生答高海槎均晤談　保之来　三媳生辰內外親友共設六席
晚间有打包戲頗看得
初八日晴　寅伯借葉作舟来　作舟為伊戚借券也　秋暑之烈至今未减
初九日晴　向晃卿人魁自海塩塘工差次回省来見　傍晚得陣雨望澤亦

已久矣

初十日晴 自好褚敦伯来談 岱卿来言將於節後旋黔 紫蘭丈病故 午後忠

清里失慎登卧游樓遠眺火勢甚熾幸即撲滅閒步至宗文義塾小坐

十一日晴 劉吉園来述昨日忠清里失火情形

十二日晴 沈潔齋自蜀歸到省来晤邀其明日移榻此間看助聖會

神即褚河南也頗熱鬧爲近年所僅見 上燈後率兒孫輩恭接

祖先

十三日陰 早起出门拜中元酬到四家餘十家命楨兒往 潔齋移榻来

此馬獻臣丁松生先後来談炎熇匝月至今日始有涼意午刻祀先

十四日陰　午後出门答客晤張子虞諸敦伯周彥垞早晚隽生若笙来談

前湖南會同縣胡虎臣文炳来見年七十一矣日暮途窮對之憫然贐以五十元促其早作歸計甘肅肅州人現留寓陝西

十五日陰雨　杞山来久坐　夢九来　天氣驟涼幾可御棉

十六日陰　同潔齋至湖上一遊　若笙石生楨兒暨鎔孫隨往别無他客頗覺閑適傍晚始歸

十七日陰　微有腹疾請吴心伯診之言溼熱尚輕不致成痢也

十八日晴　許星台方伯来晤談潔齋回海鹽即須赴京若笙来送之兒媳輩先赴上埠嶺掃墓昨晚至今腹疾頻作大有痢意下午小作寒

熱得汗甚透尚無所苦夜微雨

十九日霽 少伯来談諸恙漸覺平減仍請吴心伯復診

二十日晴 寒熱已止痢亦漸愈仍服心伯方

二十一日晴 茗笙来談即同午膳下午子惠寅伯来今日痢已止仍請吴心伯復診俾資清理

二十二日晴 竟日閒適頗資調養

二十三日晴 早起奠龔彷庵觀察尊慈 訪松笙談 瞿子玖學使来 久坐 白妹来商當鋪請派存項事 下午子惠春甫来接孟揚廿一日信 蘇州信為代余買婢事 吴心伯来復診 連日秋燥甚熾晚放平安礮口

二十四日陰 得雨未透以大沛甘霖為盼

二十五日晴 穀似稿儕西省来晤久談并述姊重念肥拳々々意傍晚陣雨

二十六日陰 寅伯来談 天氣漸涼

二十七日晴 子惠姊曾来

二十八日晴 元甫迎娶歸里本日登岸午後賀之少坐即歸

二十九日晴 雋生来談日来痢疾雖愈仍患溏薄吴心伯診之用香砂六君子湯加減

八月初一日晴 近日時疫盛行傳来純陽正氣丸方閱甚對症合一料以備施送

初二日陰雨 夢九来子鐃来談江干春和醬園事

初三日晴〻文緑到館仲堅同舟来商租棧事宜也

初四日晴旭翁来談（为伯周東笙之孀故令作壽序料理一切周氏之来時常長歎）本擬午後出门答客忽又炎熱非常畏難而止

初五日晴宗文義塾月課飯後至横河橋夢九處與琳栗夫人久談歸家

適若筌剛来譚甚暢天氣燥熱〻至不減暑伏

初六日雨許子頌来談午後訪若筌未值答少伯久談仲堅囬㖞接楊松

琴及孟楊信所事稍有眉目约数日内寄照相来看本日微覺涼爽

初七日陰微雨楨兒二十五歲生辰親友有来共設麪碟四席上房兩席

初八日陰雨下午旭翁来交還濟大存款出门答客悟星台方伯穀似觀察遇雨

而歸昨由楊松琴寄到照相三分擧家公同選擇酌定張姓共一人即函

復松琴儀辦

九日陰雨　隽生若笙先後來談　接實岩望日信　述毓少祖病狀　即復之

初十日霽　同杞山賡訪病　答白卅久談

十一日陰　問爾堯病　吳仲屛來

十二日陰微雨　鞠甫白卅來久談　鞠甫新自蘇州歸

十三日陰　午後出門答客　晤吳仲屛　至若笙處少坐

十四日晴　訪旭翁未值　至鞠甫處久談　下午蕉孫卅魯來

中秋節晴　節事先期料理清楚　竟日無客　頗覺閒適　未刻祀先

十六日晴　白卅尊慈閔太夫人八旬冥壽　前往行禮　即留午膳　與周東

篮荅戴青来未值上燈後子惠邀聽戲若笙在座子正歸

十七日晴 下午至東山衖看毓儿

十八日晴 寅伯来談琳果夫人来久談

十九日晴 周彬甫辭行赴蘇到省 松生寅伯子頌子惠廿卿先後来談

二十日晴 荅隽生許稚麟均晤談稚麟将随洪文卿閣學出使俄德等國道吴子修抱孫之喜未值

二十一日晴 辰初出城恭詣上埠嶺 先塋補行中元祭掃禮前因偶患目眚痛未能如期前往也周視松楸諸孫暢茂自五月昔驄收工程後至此又二月矣山莊午膳後至保豐小坐歸途偕子惠冠三在春亭山麓小憩啜茗酉初

到家鄭氏昆仲亦適於是日省墓也 沿途穫稻甚慰年歲尚好

二十二日晴 子用来談連日天氣晴朗寒煖適均真可謂春秋佳日也

二十三日晴 錢誼山永林自湖北来見廖緝臣来晤談鄂中近事

二十四日晴 早起童少芸世兄来見李保〻續娶何青翁嫁孫女均親賀之

至毓兒處午膳若笙冠三諸君同席 緣明年元旦為外孫女啓孫

十歲生辰新年未便舉動本日預行供佛請客也 接孟揚信附到楊

松琴伊致函買擇事尚有波折

二十五日晴 早起訪鞠甫未值有頃鞠甫来談

二十六日晴 早起張尊三来見夢九辭行赴蘇就醫午後謁靜瀾中丞

為沈紫卿先生炳垣請在本籍指建專祠事晤談久之歸途遇茗笙處談

二十七日晴 至宗文義塾訪寅伯談下午元甫來 傍晚退園閒步秋色大佳芙蓉尚未開也 姚懷來謝 與論明年西席事

二十八日晴 鞠甫來談 張禊亭自郟來 葉少松德咸自蘇來均下榻此間下午問杞山病症係三陰瘧氣分甚弱 轉在衆安橋岳廟養病就臥榻見之猶拳拳以公事為念可敬也 歸檢藥籠以吉林參一兩貽之

二十九日晴燈後雨 隽生寅伯先後來談 出門答鄭渭清觀察仁溥 似幹練有餘而誠實不足者 姚季眉司馬病故往弔之 訪少伯談 就晤子虞 歸已上

燈矣

三十日陰 小雨 元甫来 下午至東山衕看毓兄 約明日歸

九月初一日晴 預備請客 定於初四初八兩日請男客 十二日請女客 余自癸未旋里 因連年多故 故鄉親友杯酒闕如 去年大病 親朋慰問殷拳 略廣可感 新構活筍 戲台成 借此以聯情誼 亦題中應有之義也

初二日晴 先光禄八十九歲誕辰 敬謹備筵致祭 夜以餕餘酌張禊亭 葉少松 邀恒岩 松士子展陪 鄒渭清觀察来晤 閲電報 穀士升黔臬

初三日晴 許子頌来談 接馨吾信

初四日陰 請何青士 都轉 盛旭人觀察 暨江小雲 樊鳴甫 吴左泉 若望 少伯諸君

共四席另西席外客兩席帳房兩席演鴻福部畧置行頭便覺煥然一

新客皆盡興 是日并餞張子虞時將赴京 許稚麟隨使外洋

初五日晴 宗文義塾月課與少伯鞠甫寅伯春圃諸君談 幼筠自漢歸

初六日晴 穀士来晤久談張子虞辭行進京 劉祀三来 葉少松赴衢

初七日晴 宗載之王作梅来見

初八日晴 二次請客秦秋圃唐其章吴心伯諸君共十二席演鴻福部竟

日酬應尚不覺累 送子虞行

初九日晴 鞠甫来談又將有蘇州之行 堯臣歸應科試禊亭同行

初十日晴 幼筠来談 接子授信知子涵捐糧馬通判

十一日晴 內眷請客共四席 帳房零客三席 仍演鴻福部 是日散最遲

早起步訪鞠甫談

十二日晴 送沈季賢行 以知縣改發安徽 答幼筠并晤森伯

十三日晴 許品三〻嗣孫筱彝完姻往賀〻 子蕃甥過禮在彼午膳與子用子惠

同席 湘中舊僕王鈞來

十四日陰 吳春泉太守來談 張蓴〻來見言補缺將次到班矣 夜小雨

十五日陰微雨 深雲〻四令郎完姻躬往賀〻 即留午膳 往還在保豐小憩換衣

申初三刻歸

十六日晴 寅伯乃郎硯孫過禮 少伯孫女出閣 往賀〻 出城至海潮寺

朱年伯母百歲誕辰叔筌尊慈設奠陸道場躬往行禮申刻歸森兒
先一日出城為之照料一切
十七日晴許乙齋[illegible]夫人表弟之[illegible]子女皆其所出許稚祖先生斟酌出之也看喬姥病少坐
訪鄭沛特談江干醫局事午後白妹来談傍晚赴李保之之家飯局
少蘭夫人五十壽也與沈芷湶嚴少珊許貫之白妹香惠同席戌正歸江震蓮来
十八日晴錢秋舫自江蘇来黃星階自安徽来均晤談王鈞回湘
十九日晴樊太夫人九旬誕辰鴻甫尊慈躬往行禮張洵侯来夜雨未透
二十日晴夏厚安奔来談接楊松琴致楨兒信為埤事仍議而未成朱
照衢自嘉定来

二十一日晴 客多事雜，頗苦冗煩。朱訥生自嘉定來，致書公薦重理選人

一事。定江千春和醬園棧分及坊棧房產，潘子饒翁之介紹也。

二十二日晴 叢卿偕諸仲讓來晤，昨甫抵杭也。壽經初患黃疸，繼以水腫病

情甚惡，商之朱蓉湖，連進寶脾飲三劑，至今日病勢大減，稍以為慰。

二十三日晴 春浦子用來談。朱訥生回嘐。森兒自海潮寺歸。

二十四日陰大風 奠嚴少珊夫人。祝程稻村尊慈八旬壽。雲淑錢道穀士邑令

竹黟縣喜郊留午膳，并晤仲讓、雲史、慶孫、叢卿諸君。周彬甫來晤。

二十五日晴 琴舟之子詠官與戴氏聯姻，少休之姪女。金眉少沐代作主人，午刻去

吳宅道喜。畢湖南家霞西來，以十月間年例舉行祀事，邀往主祭，隨往

荅々順道候若笙小恙卧床以海潮寺作水陸道場回連日太勞頓并候錢秋舫同年

也晚間仍至裏塘巷夜飯

二十六日晴 程蘊甫自嘉定來 仲弢來談即留晚膳止宿焉

二十七日晴 早起同文滌仲弢盛杲詢候至豐樂橋喫點心 朱友柏世丈甘卿

先後來 晚酌畢湖族人玉霞西橋梓芷樸侄行二鑑孫行三并錢秋舫周彬甫

二十八日晴 吳於筠丈舉殯 送葬前往應酬半日歸 途荅朱友柏世丈晤談蔣

巽卿解餉出京由滬來杭

二十九日晴 葛甥華仲自京來杭 午刻何昌來招飲作就菊會 種類頗繁 陳

設亦講究 敏齋白姊何介甫子社貫之丁修甫同席 饌甚精美可云

暢叙 霞西辭行回署闈定期十月十四日舉行杞事舍許以十二日渡江前往

十月初一日晴 出錢塘門至德生菴送吳筠丈殯歸途看杞山病略談晚酌仲殷
子堅寰遠之兄巽卿華仲洵侯寰遠子長仝楨光鎔孫陪 與衢回晤

初二日晴 道張寅伯乃郎硯孫完姻喜荅應敏翁芸史來談下午至橫河橋
見琳果夫人久坐 接彥侍昔信提選人事

初三日晴 秋舫來談 孟揚到省即下榻此間 亢晴日久井泉澌涸殷盼
雨澤矣

初四日晴 楨光偕眷屬等赴上埠嶺掃墓 禹集生許贊之來談

初五日晴 華仲回京此來索倪豹岑信為乃翁接効地步即作一函予之勢

不能卻也秋舫來談午後出門吞客晤德静山都轉察爾民觀察寶沈

吉田因病由臺灣假歸往候之當能見客也　接忠甫稼軒公信募于忠

肅公祠指項（祠在崇文門內表背胡同久經湮廢現即其舊址重新廟貌作浙郡試館）

初六日晴　義卿來商訂制服成誦編凡例晚酌孟揚約翁筠巽卿邀子惠恒

岩裕亭經襄陪

初七日晴　復稼軒忠甫信寄于祠指項銀四百兩又復松泉書

初八日晴　道吴治甘娶孫媳喜並裹塘巷一轉福錫將於十一日完姻昨日

過嫁粧也午後若笙來久談　復彦侍信選人事請其會商楊松琴

辦理

九日晴 何青耜都轉招飲午初赴之若笙少伯穀似唐蔭雲農觀察同席散後至

東山衖看卓然昨甫進城病小愈尚未見大有起色也巽卿赴鄂

初十日晴 戴少梅太守燮元來晤

十一日晴 吳子蕃甥完姻辰刻前往照料發轎後回家檢點渡江行李定於明晨起程

恭詣梁湖致祭祖祠也申初仍至裏塘菴看視儲親杭城俗套刪除殆盡即日

見禮禮成而歸時方亥正回憶三妹十年苦節中道云殂至此有子成家九京

應我少慰惟望子蕃之克自成立耳

十二日晴 午初出望江門渡江至西興登舟夜半過紹興府城余為浙人從未至浙

東此為第一次

十三日晴　長正振曹娥鎮仲怡任此權釐篠卿世姊就養此間赴局謁候

即留午膳采三同席申正渡曹娥江抵梁湖鎮同族王霞西兄家預備

周到我與閩兵差使相彷彿頗覺不安晤族兄王心梅（霞西之胞兄）王香坪

德溥　香坪曾任廣東合浦縣又霞西之令坦陳頤安彬溶頤安山陰人

為辛亥同年陳　珪之胞姪又霞西之三令似穆孫談至更深而散自曹

娥鎮渡江至此約六七里山環水繞風景絕佳

十四日晴　午刻恭詣　宗家祠虔修祀事（祠即在霞西住宅後）同族與祭者三十餘人游庠者七八

人中奉　遷梁　始祖千六公以次而下現存者十八世一人名吕江長余兩輩十九世十

餘人長余一輩最小者為二十四世合族男丁約三四百人祭畢設六席飲福

依行輩列坐開筵演劇頗為齊整祠事皆霞西主之此次增設旗匾懸燈結綵倍極輝煌亦一時之盛也是日徧拜族人酬應竟日

十五日晴 早起謁千六公墓墓在鎮外二里許蘭芎山麓自宋末至此將五百年歷朝之易姓代遷矣而吾家遠祖遺阡至今猶在俾後代裔孫猶得瞻瞻仰松楸來伸展敬不可謂非遺澤孔長也祭畢下山赴宗祠是日為合族公請仍演劇席散登堂行叩辭禮晚間香坪兄攜樽款敘此次余來謁祠一切禮儀均由霞西一人預備費財費力深用歎然事畢余以洋蚨二百番津貼祭費再辭始受加以旗匾之需霞西所費亦鉅矣

十六日晴 早起別霞西至香坪家道謝少坐即渡江至鰲臺局便飯未正登舟回

省在釐局候補兜十四日安報寄到彥侍十三日書選人事似有就緒

十七日晴 已正抵西興午刻渡江風平浪靜進候潮門午正三刻抵家夢九來亦於本月自孟河就醫歸也晚間子社來談 閱元甫病危殊為焦慮

十八日晴 奠丁作舟即留午膳訪蔡秋圃先生未值看元甫病情形岌岌可危惟望其化險為夷耳見保如夫人并晤幼翁楨陵林雲閣辭行挈眷赴龍游上燈後劉吉園來談 接仲和飛千蜀中書

十九日晴 蔡秋翁來晤此後擬請代書對聯 午後為姚季眉司馬題王寅伯子社襄題回籍後第一次也禮畢留席傍晚歸 周燮甫自嘉定來 克齋有女弟之喪即許字呂宗東者定於明日回吟

二十日晴　先太夫人諱日日月不居忽忽三年矣音容愈渺感愴益深親友来拜者不下數十人杭俗凡遇三周年戚好仍有應酬也唪經三日夜放燄口

二十一日晴　姚季眉出殯紳士公祭設保佑坊塘工局早起至少伯處偕同前往行禮　本日為五十八歲生辰因係　先太夫人永閟之日概辭親友賜禮即僕從輩亦不令叩祝誌感愴也接彥侍信選人事大政可以定議

二十二日晴　姊魯寅俯先後来晤盛旭翁来久談言昨接杏蓀電報有醇邸病危之說大局所繫殊可慮也命楨兒出门謝客

二十三日晴　烏鎮同知瞿竹亭永嘉人来晤太倉午後出门謝客訪梁妹原觀察承送局刻大學衍義　孫楚之卿以失明歸承送磁器均晤談看卓然送坊籤行

二十四日晴　午前祝許黄三六旬壽，奠王少鐵先生，午後奠金老太太（少伯之庶母）。王金坊明日出殯。上城答客，夜若笙處少坐。嚴佑雨来談，幼筠辭回濮口。

二十五日晴　宋壯扆觀察来晤。閔鞠甫自吳門歸，訪之未值。王夢九處晤琳粟夫人談。訪丁松生，以方言箋疏抄本就商付刻格式。天久不雨，城河將涸，居民苦之。地方有開江干龍山閘啓水進城之議，偕若笙、少伯作公函致中丞，以達下情。

二十六日晴　鞠甫来談鄭州決口情形及南河修防事，宜天時人事相偪而来，杞人之憂，其何能已。赴崇文義塾月課。接中丞復函，車水事照議辦理。

二十七日晴　午前客来甚雜，下午少伯来論公款數當事，傍晚公牘（至塔兒巷）許黄之子

二十八日晴 姚菊仙應常丙然來將赴湖北索幼筠信芸史義卿來午後出門答客

訪豊雲鵬觀察論公款存當事歸途並少伯處少坐

二十九日陰 雲鵬來晤訪少伯午後答白妹均論公款存當事順道答姚菊仙少

坐子玖自台州試畢回省來晤久談 仲昭自曹娥鎮到省夜有雷意

三十日晴 莫高子容許子頌來言元甫病篤午後往視之見保如夫人先疑言

慼之甚難為懷若笙子惠來談接彥侍芝悅信知選人已定屬意人前

往領取

十月初一日晴 新授杭州遺缺府繼紹庭太守良到省來見之部章察一等文

總署舊屬也談久之下午往看元甫病并與子用循陵商善後事。

初二日晴　子惠夢九先後來談　金子雲偕沈仲甫少蓮乃郎來晤　俟彝帶趙福才暨女僕二人赴蘇接取新買之人

初三日晴　作寄岩信　下午若笙邀赴沈仲甫家調處家事　即留便飯　樊鴻翁嚴少珊金子雲諸君均在場　主人則芷渌琢齋及仲甫姊侄也

初四日晴　若笙步行來治河　察看水勢　即偕同走訪劉吉園　詢悉車府決水灌運入城情形　下午至松生處看湖州道士做法事　穀士樊鴻甫來均未值　子頌來言元甫病勢日棘　殆不可為矣

初五日晴　宗文義塾月課　午後出門答拜　晤子玖學使　穀似廬訪均久談　伯雨表弟辭行回吳

初六日晴　吴春泉太守来談白姊子惠冠三夢九先後来冠三新自蘇州歸

看元甫病勉強諾住寺卜錢挽回萬一否子用邀看書畫並談有頃

初七日晴　若筌来商擧行趙會事擬屈張山趙公祠為蓉舫先生設位致

祭以昭報享我浙歷任學政之有聲者向有是例蓉舫先生後嗣衰陵

此擧尤不可少也寅伯来晤午後出门答客晤盛旭翁（上燈後）夜行冬至祀先禮

夜得小雨

初八日雨（冬至）　詣上華嶺掃墓周視松楸排徊久之並保甡約唐其翁為周

東生營葬事酉初進城

初九日晴　早起看元甫病須子用處小坐買方薰蘭士（山水）江介石如（山樹）小堂畫各一

幀方價七元江價五元尚不貴也午刻貫之招飲少伯韓聽甫許乙齋同

席子社作陪為其太夫人請旌事屬列名呈報

初十日晴 走訪雋生子頌均未值子惠偕陳廉甫世兄來商屖水營勇給

賞事答冠并候卓甡 下午接經彝初八信言定於望日開船回杭

十一日晴 清晨春圃子頌来言元甫竟至不起就商監院事早晚兩至黃宅觸

目傷心慘不忍言以雲屏之忠厚傳家而後起如此深可慨也

十二日晴 早晚兩至黃宅昨以元甫監院一席商請中丞改派春浦俾晴中

稍分餘潤今得復書允照議行余素不善干請此則迫於誼無可辭也

十三日晴 經彝自蘇歸新購姬人趙姓年十八歲山絳州籍生長蘇州即日進宅擇於十五日

祀先見禮，此舉均係彥侍夫人代為理料，一切周妥，亦深費心思矣

十四日晴 祝琳粟夫人歲慶，聽戲，全用新行頭，燦爛奪目，亥正歸

十五日晴 趙姬行謁見禮，親友來賀，早晚內外設十六席，亦意計所不及也。姬貌中人，性格似頗和平，心地亦尚明白，老年納妾，本為朝夕奉侍之需，但能上下相安，便稱合式矣

十六日晴 周宅喫局，聽戲，竟日大風驟寒，非常凜冽，為近年所無

十七日晴 周宅回席，酉刻赴之，仍聽戲，子初歸 松生來久談

十八日晴 料理生日事，若笙少伯諸君以余前月二十一日不作誕辰，謂無（以後即以此為例）以為兒孫輩地，強於本月為余稱觴，辭不獲已，又從此多事矣

九日晴　太属同鄉暨親友唐其翁王澄翁（卅）等送戲　公燕竟日　歷碌　夜
睡甚遲　霞西喬梓　健昭　棨三均專誠来祝　内外設正桌便飯各六
席　子蕃錫坊初次来謁　如禮款之　陳默孫之子琪仙登瀛自温州来
（崔少伯春甫諸君設宴家中）
二十日晴　莫吳敏齋先生鋪設一切　親友忙碌竟日
二十一日晴　親友紛紛致祝　許星台方伯暨德靜山都轉　廖穀士廉訪　豐雲鵬觀察
並九人　蕭二農蕤園諸君均齊而来　辭之不獲　堅欲留此聽戲　命（另備）與兩席款之
子正始散　是日仍演四喜福部　無小京班諸腳色　戲甚好　内外設麵席十六桌
正席十四桌　丑正終　就寢
二十二日晴　星台方伯（子玖嘯之使）諸君（共十四人）攜樽見祝　并邀若笙少伯作陪　設四席　聽戲

至丑初二刻始散

廿三日晴 省城諸親友公餞内外設正席十七桌便飯六桌演大雅部兼僱小京鴻福兩班腳色聽者忘倦余於丑正就寢散戲已卯初矣

廿四日晴 霞西喬梓回畢湖

廿五日晴 少伯來談

廿六日晴 文緑洵儔回嘐陳琪仙同行

廿七日晴 仲昭挈三回曹娥鎮 元甫回神往弔之

廿八日晴 胡月喬六旬冥壽往拜之 白姊來談

廿九日晴 潔齋到省來晤留宿齋中 此次赴京引見仍以道員選用差

強人意夜微雨

十二月朔日晴陰微雨 錢夫人之歿忽忽三年矣感悼之情殊難自已視友来拜者内外六席廿六起誦經三日夜放燄口一壇 澹齋回海鹽

初二日陰 褚稺怡成昌来見午後出门候喬垞談訪許乙齋未值至横河橋晤琳卿夫人談家常

初三日晴 龔藹人方伯易圖自蘇赴杭便衣来晤不見又八九年矣叙談甚久午後出门答藹人祝星台夫人壽訪穀士订初七日與茗笙公餞印丞茗笙處謝步就晤杞山病體尚未全瘳也 闵仲昭丁艱

初四日陰微雨 傑如夫人来與談家事為之慨然鏡兒歸東山街

初五日陰微雨 陸典三來 爲接春和醬園事 午後專往答之 並候鄭沛翁

均弟偕子惠來談 子用約初九日吃點心 夜雨頗暢

初六日雨 夏厚菴來談 下午至東山街看卓然 病甚屬可慮 在毓兜處

少坐 接仲昭訃告 屬商哀啓稿 久旱得雨 心神爲之一快

初七日微雨 作函唁仲昭 下午偕若笙公餞穀士 邀旭翁甘卿陪 歡叙甚適

初八日陰 夏厚菴周滌峯來 午後訪樊鴻翁 至少伯處談 竟臣解館

回婺

初九日陰 吳甯莊同年敦來晤 年七十六 本年重游泮水 精神矍鑠 殊可敬羡

自丙辰在京晤聚後 屈指已三十二年 吳唐其翁 鄭沛翁 芸史 嶽卿 姑魯

先後來下午子用招飲與高寧平文同席聲音清亮老健善談亦人瑞也

初十日陰 寧文義塾月課量台方伯來言因十四日公餞穀士借座演劇先之并以泰山摩崖字集楹帖見貽又搨南沙富貴壽考圖一幅午後答甯莊繼紹庭太守均晤談順道至夢九處少坐

十一日陰夜雨 孟裕通候鄭沛時渡祖廟巷開當事 子田子杜来

十二日陰 穀士来辭行久談

十三日雪 新任糧道世謹躬生春賢来拜未值往答之就晤穀士並糧署著送行晤莪卿貞甫雲史諸君出莪貞均因晚芸史仍就書啓席 亢晴太久得雪澤皆大歡喜

十四日 陰 早起紅白應酬四處 旋至東山街看卓然病 已不救 將於明

日出城歸家 對之殊堪慘惻 即與雨辰夫人預籌卓然身後事

是日往省 司道公集余家餞穀士 余與子玖均附主人之列 作竟日歡

十五日 雪 巳刻至普濟堂公送穀士 以其創議濬餘杭南湖 士民感

德不置也 犬湛患眼疾 延專科嘉興張月波來診視

十六日 雪 沛時寅伯先後來晤 作竇岩信 閱仲和函 向悼歎深之 病殘瘠竹任

十七日 大雪 杞山病久 心竊慮之 偕茗笙邀同仲昂庭施瑞春前往診視 知脈

日服附片至十二兩 麗參至五兩之多 其餘白朮黃芪等稱是 亦可駭矣

昂瑞兩君論其病情頗為中肯 言前方藥並不錯 惟分兩太過 且於君

臣佐使倒置殊多爲擬一方冀其不致因藥誤病也午间伍若笙處

吃湯包甚佳晚邀眼科張月波　夜大雪盈尺渥澤可喜

十八日雪　竟日雪不止作幼筠仲堅信　自五日得雪起至傍晚止將及二尺可謂透極矣

十九日晴　快雪時晴精神一爽　松士回嘐采三自曹娥到省大鬼眼疾本屬風火張月波診之頗有手法收效甚速月波乃於本日回嘉興以洋蚨三十元酬之　接馮星垣信爲代付宅契事即日復之

二十日晴　松生來久談　頌臣回婁采三回嘐　作王妹英并馨吾信

廿一日晴　下午至夢九處與淋棠夫人久談　作林雲閣陳韻琴信

廿二日晴　昨接彥侍信知其與姚稷頗着急趙挺恐其未能稱職即作函復之

澄妹解館

廿三日晴 平湖運到租米四十石延甫有信致楨兒即復之今留明年食米百石餘均糶且聽明春淮揚消息恐黃水為災浙省必致缺米也夢九來

廿四日陰微雪 子饒子惠先後來傍晚至東山衖看毓兒知卓然危在旦夕真無可如何也

廿五日晴 料理年務碌碌竟日子社來談

廿六日晴 許星台方伯有西河之慟往看之至若望少伯處談訪子惠未值晤晚之 卜卓然竟於昨日亥刻作古此人可惜於兩長山家兄有棟折梁摧之嘅

廿七日晴 祝豐雲鵬太夫人壽答拜王清如觀察景澄 鞠甫冠三來談夜

行年節敬神禮杭俗謂之燒紙

廿八日晴 料理年務大致楚楚 廿卿来談

廿九日晴微陰 祝吳子修庶常四旬壽 訪白圻談

除夕雪 子惠夢九彬甫均来辭歲 今年之事料理較早 頗覺從容 恭懸

神像行年節祀事 團坐分歲 家門清吉大小平安 殊可喜也

光緒十四年戊子五十九歲

元旦癸丑霽　天地祖先前行禮如儀　子惠　子杜　夢九　子蕃來賀年　餘均

擋駕　楨兒出門拜年

初二日大雪　冠三　甘卿　[illegible]甫　來　春雪過大於歲事非宜又急盼晴霽矣

初三日陰微雪　鄭沛翁　潘子饒　建民來　楨兒暨鍾孫均出門拜客年

初四日雨　初次出門拜年晤翠[illegible]步伯匡裡塘巷東山衕久坐始歸餅懷

來　易笏山佩紳　卸蘇藩任[illegible]西湖邀其下榻此間言將赭寓俞

樓為暢游計　先録示近作舒賦詩集仁書谷種

初五日陰　午後就近拜年晤爾塘夢九

初六日陰微雪 午後各衙门拜年官樣文章到门投刺而已 垣子名笙子惠處少坐 豐雲鵬夏厚菴高季莪来晤

初七日雪 午後冒雪就近賀年 至三官巷羅宅謁理泉祖姑丈神位 晤子用弁見保如夫人

初八日雪 冒雪出城莫卜卓然 順道拜年 晤唐其翁 至澄孫蔣莊士 春雪太多道路難行 新年氣象大減 裕亭来 夜来天氣開朗有星月

初九日晴 開正至此始見太陽 精神為之一爽 至陳小田丈處拜年 並晤益甘卿来 夜微雨

初十日晴 午後上城拜年十餘家 在協濟少坐 子用来 松士自畯到杭

十一日陰 芸史來克齋到館

十二日陰 子玖學使來久談 唐其翁進城 候補縣陳述菴作基來見 福建人乃翁翊圖名積曾任河南州縣爲壬子同年

十三日陰 星台方伯來久談 蓉舫來談家事 寅伯偕之來 接劉仲良制軍冬月廿六日書 述官事家事甚悉 守安望垣聯其均有信至 舫山以鈞侍薛叔耘家書海寧惠山來見餉

十四日晴 就便拜年 晤郭毅武尊 午刻赴許乙翁招 同席白汾子開仲修春圃子社 適易笏山往拜仲修 即邀來入席 精神氣象不減於前 諦余手植 知約當三更即行 詢其後日即行 遂定明日携樽叙 即邀便座諸公作陪

上元節晴 晨起至三雅園會集同人渡湖 乙齋白汾有事未到 添邀劉

吉園許子頌并仲修子用子社春圃由趙主人潭印與笏山作竟日之叙

約明年二三月間再來明日即行矣 天氣暢晴月色甚佳數年所未有元宵得此者

十六日晴 訪鞠甫談就晤松生至少伯處園赴東山街見雨辰夫人商定

卓然家善後事 笏山有詩留別 芸夔留宿齋中夜談甚適

十七日晴 答吳子修昨以蔣鍾宅西席事見顧者值也道白妹抱孫之喜甫

入内知產母已於昨晚身故未及登堂而返歸途訪雋生談作林雲閣信述

卓然身後事 接俞湘舟信以幼箴辭覆之擬意頗悻悻即作吳志清公董相儒

函答之 晚酌克齋并縦宅諸君芸史馬子庸在座 松士赴華埠盤局

十八日陰雨 雋生來談挈鎔孫退圃採梅午後至東山街與雨辰夫人商訂

西席海塩任子勤偉 即子修所荐也 恍雨子饒銅齋裕亭少村

十九日陰 復梁邸其華卿馮星垣信 劉吉園許貫之來談

二十日晴 丁竹舟[illegible]往拜之 午刻吳春泉太守招飲若笙少伯吳左泉子

修姚菊仙同席 下午鞠甫來談 楨兒接樓子樂嘉平既望書言

鄭工萬難措手情形 轉瞬間桃汛將臨 皖豫江淮其患正不堪設

想也

廿一日陰雨 戴少沐同年作古 擬聯輓之曰 回首我吳堤 憶昔年同步天衢逵

榜去今餘幾輩 論心君莫逆 偶異日重逢雪夜 扁舟何處訪斯人 額曰

又弱一个 又近為鍾彿懷昆仲代擬輓卜卓然聯曰 為人余家撐持門

戶嘔出心肝十餘年來盡瘁本非朝夕事 祗我菁孫露弟昆失
茲指臂自從今後論文誰似老成人二聯皆非浮泛語也 嘉定吳藝
香來一飯即行 檢雲丈之三子 雨後聞雷 尚未交驚蟄節 夜微雪 復汪守安信
廿二日晴 奠張穎仲先生鞠甫之從兄[illegible]往彼午飯出城至海潮寺琳粟六
旬誕辰設水陸道場行禮後步歸至楨[illegible]宿寺中 歸途晤[illegible]拜客
廿三日晴 至海潮寺奠許世兄星台乃郎設祭 午後出城至大興奠沈筱鄉世姊
仲昭扶護回蘇過省 便道看唐其翁連日應酬殊覺疲碌
廿四日晴 午刻偕若農步伯吳孝泉水部王桐[illegible]比部公請吳春泉太守
時已歸道班將卸府篆奉調赴粵蜀 申正客散 敏齋自紹興來晤 吳眘莊同年來

廿五日晴 弔白姊長媳之喪並裕亭及同吉兩處少坐答敬之齋及吳閬莊同年均未值 衢州守瑩五回來省拜年略談 霞西同孫自霅湖來

廿六日陰雨微 酌吳閬莊同年年七十七上年重游泮水現官寧波府學教授 邀若笙雋生子杜襛卿陪作爲辛亥小團拜屈指三十八年晨星寥落亦難得之叙也松生適來即留入座主賓七人談讌甚洽席間雋生述其輓少沐聯曰南同榜北同年合邑祇剩四人今碩果晨星又分兩地君七十我六十歸家猶一面春風臘雪頓隔重泉緬懷切摯亦好對也

廿七日晴 午後拜客晤戚旭人世譔生兩觀察萬卓如大令署仁和縣浙衛人 積勳在若

篁處談、卉晤子修　廿卿来

廿八日晴　同善堂集議公事　即留午膳　茗笙　少伯　敏齋　默青　霞軒　桐伯

松生在座　就俟高寧平世丈議定余與少伯照料同善堂事　茗笙　桐伯經理

育嬰堂事　松生管理普濟堂事　敏齋仍專管倉穀義渡事

廿九日晴　早起看保如夫人病昨失　候子頌未值　至退圃看梅　紅梅將殘　綠梅正盛　午後出

門平　鄭楚生表子惠長郎　答任子勤　候瞿巻軒　吳笙伯　均晤談　樊鴻甫　胡吳

仲基均未值

三十日陰雨　吳仲瀛英司馬恆来晤　錢唐人　江蘇候補同知　近時吾杭之書家也　久

聞其名　近始於高寧丈處一見　堯臣自暎来　頌臣自婁来　晚酌澄

特堯臣廬平順臣并霞西喬梓
二月朔日陰雨　答吴仲英順侯松生晤談赴金衙莊盛旭人唐藝農劉吉園
招飲若笙少伯[illegible]帶[illegible]散後便道至夢九處與琳坡談家常
初二日雨　若笙酌許星台方伯德靜山都轉世謹生豐雲鵬兩觀察邀少伯及余
往陪冒雨同游胡雪岩花園此宅不及二十年具有滄桑之感周歷一過為之
憮然酉刻入席亥正始散　霞西由翠湖移孫留此讀書
初三日陰　旭翁來久談潔齋專人來言選期將近急須進京新購住宅欲有
所商即晚作書復之許以代籌贖款兩竿亦誼不容却也
初四日陰　偕少伯若笙至松生處商修理學院考棚事　世謹身盛旭人兩

觀察先後来晤

初五日午前雪霽後微雨　丁松生周漈峯黄卿臣先後来晤　接蔚庭書附到沈師母信屬撥款付永濟賑分　夜子刻聞元甫夫人有變大慟錫兒均即刻往看達旦始歸

初六日雨　元甫夫人殉節急往視之為發電報致松峯午後演鴻福堂御不請客內外設便飯六席皆居常来往熟人也戲甚好初九擬請司道客先試演一回

初七日晴　晨起至黃宅一看午後至長慶寺許信臣先生九旬冥誕也候星名方伯為修理考棚事久談喫工夫茶　夏笑奔来商為元甫夫人請旌事

初八日晴春分節　接程善昌電屬裕亭飛速赴粤不知何事心竊憂〻

初九日晴　上年十一月當道諸公移樽見祝設席答〻客位瞿子玖鹽使許

星五方伯德靜山都轉世謹生豐雲鵬盛旭人唐蔭雲曲农宋薇園鄧

渭清住　諸觀察內郭穀武張莼生劉祝三、太守暨劉吉園綠莪菜

笙少伯何小甫沈吉田諸君陪讌四席演戲作竟日叙子正席散　張潤和馮

星垣來葉楚孫　是日藏桂山廉訪因病未到

初九日晴　子坡星五及官場諸君子四席、并邀吉笙少伯吉田松堂在座

仍演戲極盡歡散已[illegible]長吳、吴瑞徵自衢州来　裕亭坐划船赴婁

十日晴　厚葊来談嘉定顧蔡亭来作潔齋信匯寄洋兩蚨函托汪

守安面交

十二日陰雨　演小京班一日順便酬吴瑞翁張潤和馮星垣何小湘沈少如约子饒作

陪是日不請外客少伯襲甫賁之子杜彬甫訪君陶来聽戲不拘形迹頗覺適暢

十三日陰 王桐伯乃郎完姻賀之 接裕亭自宴来電言因令典事易了差慰疑慮 潤和星垣西南翔 作函其復信定華卿合股事

十四日雨 祝冠三夫人四旬壽 答吴瑞徵談

十五日霽 先光禄諱日見背三十周年在家設祭親友咸集追慕之恍乌絲自已

十六日雨 世謹生辭行轉漕北上 吴春泉剛卸杭府任歸道班適奉旨簡放興泉永遺缺道往賀之

十七日陰微雨 吴春泉觀察来久談 邑軒来談衢州朱姓當房事

十八日陰　無事

十九日晴　陳仲英太守由金華調任杭州來晤久談

二十日晴　午後偕克齋克昭至郎芝岩家看春蘭以楹聯貽之歸途至

退步閒步　見京察記名單蔚庭不與爲之悵怏不歡

二十一日陰　馬春暘太史傳煦過江來晤現掌崇文書院午後答仲英太守並賀之

歸途即答春暘訪少伯久談至東山衖與吳瑞徵論事

二十二日晴　楨兒偕眷屬赴上埠嶺掃墓　莫吳次榆訪鞠甫未值旭翁

來談　葉桐孫回揚頌臣回鄞婁有海運差

二十三日晴　清明節祀先下午訪子惠未值將與商有成協濟等事也

廿四日晴　子惠來談久之。麻竹師之子穎自廣東來見
廿五日晴　同善堂集議民更事，鄒渭清觀察、著筆少伯、周伯松先生在座。酉初
接稼軒、忠甫電報，本日奉恩簡放湖南巡撫，天恩高厚，感悚實深。着
篋即來晤商一切，留此晚膳
廿六日晴　率鈺孫詣毛家埠先塋祭掃，爲之指示一切，即挈之登韜光一
遊，在靈隱吃素麪，酉初渡湖歸。吳瑞約來商備典事。本日延穆之、王
仲良均有電信述放缺事
廿七日晴　瞿子玖學使、許星丈方伯、德靜山都轉、聯雲鵬觀察先後來賀，竟日
賀客絡繹，幾於應接不暇。午間抽空至方谷園董宅、紅門局朱宅道喜

二十八日雨 賀客仍络繹不絶應酬竟日

二十九日晴 午前見客四起 午後出門謝客偕子玖拯與子藩星台静山雲鵬諸君在學署談最久

三月朔日晴 早起見客九起 至海潮寺祝譜香夫人壽 午後看杞山病久坐 順道答客 至若筌處談 爲代擬謝、愚摺 如我意之所欲言

初二日晴 晨起詣上坤嶺展墓 松楸蔥鬱 氣象可觀 瞻摹徘徊 依戀久之 之至保豐少坐 申正歸 邑軒來談衢州典屋事 李廷章之弟光炳自湘來

初三日晴 早起見客 午後出門謝客 晤沈吉田 李健齋 光久、盛旭人 何青耜 霞西挈芷闵自畢湖来

初四日晴　午前謝客晤松生商絶鞠甫談午後星台方伯来商修理考棚事

郭穀武向冕卿兩太守来若笙少伯同来商民更籌款事　與唐其翁夜談

初五日晴　宗文義塾月課謝客三千餘家晤瓷軒笙伯子蕃姊懷瑞徵上燈後

貫之来談

初六日午前微雨後霽　早起見客八起惲莘耘祺祁自湖南赣澧過滬来綸来見

藕詢湘中近日情形下午至夢九處與琳泉夫人久談上燈歸　子惠將

有漢上之行候商一切談至夜深而別

初七日晴　午後下城謝客晤雋生白姊厚齋子社　復彥侍信

初八日晴　早起見客三起午後上城謝客晤廿卿左泉談

初九日雨　訪俞蔭甫太史久談上年承過訪未值往荅之已先日行矣此

次知其到杭故先往俞樓拜之（即至鳳林寺）祝姚菊仙庶常丙生尊嚴慈壽與

子修談歸途雨甚大　張潤和挈其姪田徽過此　馮青梓鏡清同來（星垣之姪）

初十日晴　南屏雪舟和尚邀看牡丹午初出城何昌来許子社丁松生同遊下

午泛舟同歸

十一日晴　鍾宅在崇福設水陸道場午刻挈毓兒（啓孫）乘舟前往酉正到山

之名大雄寺僧慧月年六十七極有靜氣不落俗套寺規亦嚴整開山祖師

玉林順治朝封大覺普濟能仁國師兩奉宣召賜居西苑萬善殿

世祖深敬信焉寺建於雍正十二年發内帑敕修燬於咸豐辛酉之變慧月重

興々現在煥然一新矣。是日宿寺中

十二日午前陰，午後雨　早起寺內外周歷一遊，與慧月談，出示玉林國師年譜，遍閱一過，另有語錄十二卷，內外漢無從索解也。是夜再宿寺中

十三日陰　早起挈毓兒等登舟歸，衢友吳瑞徵同行，行十餘里，接楨兒家報，知本日辰刻三媳舉一男，母子平安，深為喜慰。未正抵家，細考其時，刻尚係卯時末及辰時也。為之取乳名曰天喜，蓋余新奉撫湘之恩旨，即是日奉到也，亦兆天恩，亦誌喜慶。擬請假一月附片稿

十四日晴　午前見客，午後謝客，晤聯少甫、盛旭人兩觀察，旭翁請修墓假，將回籍矣。俞琴山自嘉定來，陳少蘅々外孫朱元恩、周韻軒々孫同來

十五日陰微雨　天喜孫洗三，内外親友頗形熱鬧。隽生、穰卿公餞，由湧金門登舟。舟名水月樓，於近下水中艙可設六席，湖舫之最大者。游三潭印月及左祠、蔣祠、壽處，饌甚佳。茗笙、少伯、子用、白如同席，暢敘竟日。

十六日陰微雨　送旭翁行，拜壹雲鵬生日。戴延甫自平湖來，下榻此間。芷裕亭自江蘇曲俞琴山壽田嘉定。

十七日晴　趙价人自常熟來。是日客多，酬應甚乏。陳默孫自温州到省，下榻此間。

十八日晴　東城謝客，在茗笙處久談。霞西回嘉湖。

十九日雨　奠陳湛亭封翁，杏孫庶常、昌伯之尊嚴也。與少伯、茗笙同飯，歸途答客。

二十日陰微雨　部文知已於十八日到院，今日函詢，復稱一二日間即可咨達，亦可謂淹滯。

矣午前見客午後答价人久談王竹英自上海晚酌陳墨孫戴延甫王竹英家照閏

二十一日午前霽午後陰 接刑部文當於巳刻恭設香案望闕叩頭謝恩客来陸虞笙孫太史黃叢孝廉黃雨香来晤

給譯孟丙刻始畢 仲英太守来久談 汪子用子宜公餞設兩席偕熙人

二十二日陰雨 龔紫甫繼昌以鄰陽鎮晉京過滬見過行道来賀久談印

卷々并促其行 候衛中丞借印花并撥匯油紙壽堂談甚密 歸途答陸虞笙

二十三日霽 拜蔡謝恩請觀撥夬斥 請假一月 填二十二日 作忠甫信由蘇長

慶派弁赍滬即托忠甫照料一切 昨子涵書来問到京後應辦事宜各條

閏章由楨兒復之

二十四日雨 聯少甫孫歡伯来見 許星台方伯来以方沐辭之 午後答聯少甫 吳春泉 陳仲英

陵東載秉廉郡集從東陽四十九

許星台均未值晚在鄂渭清觀察座中復晤星台閒談久之

二十五日雨　唐藪農觀察来晤　何昌来家道喜（乃郎過禮）　卯留午膳　祝冠三五十生日　候高寧平世文談命為余看五星言生平惟癸運最壞是屬梟神得食（五十二至五十七）現行巳運平順無疵此後甲午乙三運一路平安午運尤吉惟未運欠佳誌之以備徵驗吾少伯處久坐

二十六日晴　三房孫女金官許字樊稼軒之次子本日文定金子雲鄭子惠為媒子惠適赴鄂冠三代之親友来賀者男女設十席

二十七日陰　之長槐生日　商垞家孫来寄名倩王馥生畫五十九歲小像　下午至横河橋同琳粟夫人醫夢九談家常

二十八日陰微雨 偕松生子社鄧典三莊集戩嵋山館往看考棚工程 喫王飯甚適 祝穗
靜山都轉壽 毓兒今年二十九歲 因有湘中之行 兒媳輩為之預祝三旬初度 周
鄭谷宅內外咸集 晚間演劇 頗為熱鬧
二十九日陰微雨 毓兒生日 早晚內外親友來賀者共設十八席 晚間演劇 三進士花
田錯各齣甚有精神 午前出門至觀音閣祝胡月喬夫人六旬壽 陳程
初派舢板一號來 中軍參將崧熤派戈什哈 劉正凱 蕭秉權來
三十日霒 子玖自衢嚴試畢回省來晤久談 杞山送電報來 看知有升
授江西藩司之〇〇命 浙臬放王子春
四月朔日晴 為琳栗遷葬事訪姚蓮槎商於明日赴山定穴 即至夢九處

與琳粟夫人談

初二日晴 夢九邀陪姚蓮舫赴靈隱新塋點穴仍與琳粟夫人本意未合須再商

也伯文夫人挈長官到杭交保同日到館

初三日晴 同里戚友移樽公餞演鴻福小京兩部 共設九席竟日歡敘

初四日晴 琳粟夫人邀唐其翁往看靈隱塋地森甫陪往其翁所定穴次適符

夫人本意葬期已迫此事亦急宜從此定局矣稍〻清理案頭積件

初五日陰雨 若笙鞠甫白林子惠三昆仲夢九偕懷公餞內外四席演晚臺

同人均極有興會

初六日下午霽 奠吳新伯 接忠甫電報 摺差已於本日到京明日遞摺

是日接忠甫電信九學
招著來見斥賞假一月

初七日晴 予與星垣杞山静山雲鹏醒吾府縣及候補道府等二十四人公餞請慕堂
少伯作陪共五席演戲一日熱鬧適常竟日應酬尚不覺累
初八日晴 李東生夫人（號園湖子）宗薇士之女宗子城之姪女也以竹孫家事奉其姑命來商
其姑即子城胞妹约以動身之前往晤再談 予意自鄂歸整頓有成事頗有頭緒
初九日晴 湘省同鄉移樽公餞 予與杞山蕙農李健齋李董吾陳仲英張莼生
劉吉園作主禮堂豐腆心甚不安仍兩班合演 子正始散
初十日雨 道鍾伦良定親喜賀何為來乃即完姻即留午膳 道杞山外任喜悟
談有頃回家小憩至東山衙晚膳與若瑩少伯鞠甫同席談甚悉
十一日雨 汪子祉大令來見午後至幽署及各衙门道謝途遇大雨延甫回新棣

十二日晴　午前客多午後看喬姪病昨日忽患類中勢甚可慮　至孟亭九處

與琳粟夫人商議遷葬事宜晚赴昌來處暖局與韓聽甫許乙齋丁

松生子社卯候同席談甚悉亥刻歸　平江周文齋有常念德一函可詫可畏

十三日晴　天喜孫滿月早晚內外設二十一席是日有戲故親友到者尤多

十四日晴　盛樸人自甯波冒小山自如皋來賀竟日見客累甚

十五日晴　午刻出城至理安一遊過徐村省羅理泉祖姑丈墓酉刻抵葉婆橋

周氏山莊至琳粟墓一謁定於明日丑刻起遷

十六日晴　午刻至楊家坟頭吳氏塋地有三株墓不至已五年矣早晚至琳粟

墓看視起遷工作夜雨達旦夜子刻將櫬起出一切平安　文孫旋寓

十七日早晨雨巳後霽　寅初上山卯刻護送琳櫬至莊路窄泥滑異常天雨頗為費事

諸事平安巳刻送櫬起程後即動身回城

十八日晴　訪若笙商趙會事即留午膳看商垞病少坐歸途候寅伯亦

商趙會事也　倬如夫人來約一同進京

十九日晴　訪鞠甫商安厝議單午後出城至靈隱周氏山莊會葬是夜即宿

靈隱寺

二十日晴　寅初即起送琳畢靈櫬登穴辰刻進城奠張金輔夫人午後小憩甚適

鞠甫過談即同晚膳

二十一日晴　冒小山辭見竟日客多霞西挈其壻陳頤安來徐耕鄉自常熟來

即同晚膳茗談

二十二日晴　走會徐耕薌，晤保如夫人，并與子用談。晚酌侯憺廷、霞西翁婿、采三、桐孫、泰匡、長含。

二十三日雨　浙江歷任學政有遺愛者，以門牆姓氏設位供奉西湖，名曰某會，獨昆明趙文恪公（趙）日會兵燹後迄未修舉，余與葉笑生創議重新布置，設位於孤山趙玉峰中丞祠之左楹，本月適師誕辰，同人衣冠咸集，安奉神位，行禮如儀，共到二十六人，設五席，禮成後往蔣公祠小敘，一切均張寅伯孝廉經理，諸臻妥協，吾師有知，當亦鑒其誠悃也。伯文夫人回嵊，采三伴送。

二十四日晴　若笙為椒生日送兩班清唱，前往晚膳，若先興致極佳。

二十五日晴　茅家埠省墓順道至靈隱周氏山莊一看灰椰工程傍晚歸

二十六日晴　為黃元甫及節婦錢孺人題主許子頌楊春圃襄題

二十七日晴　喬墳長孫纏紅賀賀子惠夢九來收拾行李粗有頭緒

二十八日晴夜雨　子玖杞山春泉先後來久談春泉將赴閩自巳至申客來不絕

應酬甚累

二十九日陰　竟日謝客檢點應帶書籍

三十日晴　往晤李堯臣夫人商子城家用事就近訪甘卿談歸途至羅四太太陳

甲丈兩處話別

五月朔日晴　上埠岑嶺展墓行叩辭禮松楸蔥鬱依戀實深四顧徘徊情

難自己至各坟親及留鎮素有往來各家辭行歸家已向晚矣

見氣字頗好作隽生寓宿子社龔甫春圃子頌公函附加子社兩
紙趕信局末班寄　復席研香信
二十四日陰下午雨　吕耦芝、常吉人來商件午後出門訪李、蘭文并答訪
梅東值荅子玖久談甚适夜雨達旦微見雪
二十五日陰　致曾沅帥信提恆猷之乃郎寶豐事作盛杏孫、方勉甫
兩加單檢點箋頭書籍標簽歸架　奉到初八日四百里〇〇
寄諭一道催解邊防經費已解齊矣
二十六日晴　見客三起　復王朗青書　閱邸電本月十五日寅卯間
貞度門失火延及太和門有〇〇旨修省勝當〇〇慶典重疊而上

天垂警至此真可憂可懼也

二十七日晴 張燮鈞學使來商明年按臨次第以8見榜特開不能照往届舉行也 右銘來久談 兩首邑回公事 夜人和部試演燈戲

二十八日陰 作王小屏、淩問樵、吳廣菴年節加單 料理節務 古政就緒

二十九日除夕陰 傍晚雨 閱邸電 鄭工於十九日合龍 十六日太和門不戒於火 旋奉

8懿旨停減頤和園工程 此時事之可喜者也 閱申報 金少伯兄

於十九夜無疾而逝 故鄉耆舊日就彫零 可勝悼歎 夜祭竈 祖先

神像 率兒孫輩敬謹行禮

12

光緒十五年己丑 六十歲 正月丙寅 元旦丁未

元旦雨雪微 卯初恭詣 萬壽宮行慶賀禮黎明詣 文廟行香回署見客十四班預約不行拜跪禮以久病新愈也拜天地祖先畢與在署親友互相往還亦約定不行禮精神腰腳頗覺行所無事午後小憩讀舊唐書陸宣公傳一過

初二日雪 本擬出門拜年阻雪未果讀新唐書陸宣公傳校其訛字

初三日雪 天氣甚寒竟日雪不止讀宣公集制誥三卷

初四日晴 立春令節快雪時晴氣象大好午後南城拜年在藩署少坐學鹽糧兩署均拜會未值餘俱到門投刺

初五日陰微雪　新授陝皋右江道裕吉臣祥過省來晤人頗本色又見客一起　北城拜年　夜大雪積初二三計之約得尺許大慰農望矣

初六日午前陰後霽　見客四起　午後西城補拜年并答裕吉臣　廬齡赴司道公讌　集粮署與學台同席　穀庭耦芝筱莊少村它夫心庵星垣小山卬千吉人作主　星垣病足不能到　共三席　演人和班有燈戲　亥正歸

初七日晴　接頌臣十二月十六信　商調衛隊事　前寄還8批摺未經接到須候諮飭查也　作忠甫信　托辦兩次恭上88徽號賀摺

初八日晴　小山載奔來商件　又見客三起　潘筱農清自靖州來　郭筠翁李黼文同時來賀年久談　夜與佩九商公事　立春人日穀日天氣晴明可喜

初九日霽 衡永道陳書村到省賀年 子玖來久談 言定於二月
初二日起程北上 又見客二起 作張樹人觀察函 〻〻歸政賀
表咸武甫於本日奉到 禮部於十二月十一日馬上飛遞 計期已逢 即飭趕辦
初十日晴 拜發〻〻歸政賀表 張燮鈞學使來辭行 將於十二日出省按
臨寶慶 笠西來晤 又見客四起 省外文武僚屬有借公事晉省賀年者
午後出門送學台行 未值 順道答客 賀表例歸承差賫遞 惟
從須二十六七日到京 此次為期甚迫 交什哈周燮杰 頗限十八日遞到
即改為摺差 不以為例也
十一日晴 常德府劉小甫燡來商件 王蘿泉浩署糧庫大使來謝

十二日晴　李質堂軍門王雁峰同年来晤　陸書村辭回衡州　文蘭舫俊

陳少卿國仲自辰州　自桂陽州　桃源令余芹塘良棟　張旭初大煦自攸縣　均到省来見　先後見

客六起

十三日晴　但少村謝委署辰沅道　又見客五起　連日天氣和暖　饒有

春意　復彭雪翁信　上燈祀先

十四日陰　小山来商件　楊題臣辭回永州防次　孫彦臣傳郁　辭回衡山

余芹塘辭回桃源　郭子靜送顧氏音學五書十二冊　並雲臥山莊詩

集四冊　家訓一冊　石刻兩冊

十五日晴　武廟行香　歸途答文蘭舫　接毓兒臘月廿一信　附到絲棉袍并馬褂　汪潤生撫帖

歸國正以来新春人日穀日上元均天朗氣清益竝有春意

大好氣象也

十六日陰微雨 見客四起 元旦揭差楊崇光回省 接忠甫臘月廿日信

言近因津通鐵路事廷臣交章論奏於舉國與師紛紜至

洪正不知若何定局也 手復下頌公臣制軍書

十七日晴 孫春阜廬访来久談 年七十四精神尚好惟步履稍艱耳 程初

来見 又見客一起 冬月揭差吴炳南回省 接忠甫臘月十五信 該差先楊崇光

十日走而遲歸一日 来奉到8頒賞福字回计五十八天 行儀極矣 落燈祀先恭收神像

十八日陰雨 午前見客兩起 午後酌穀庭以下次寅僚二十人 設四席演仁

和清華兩部申初入座子初散席熱鬧盡歡頗不覺累

十九日晴 王益吾司成來商請代奏開缺俞鶴皋同年來晤前廣西學政李蔭墀太史殿林回京過省來拜晤談又見客三起 接寶岩初七日信

二十日陰 穀庭少村先後來商件又見客二起出大西門答拜李蔭墀太史歸途訪徐芸屋先生談夜看五雲部燈戲春寒頗峭

8皇上大婚屆期花衣之第一日至二月初九日止 共十五日 內除忌辰四日不計

二十一日陰 午刻開印 夜酌僚署戚友共三席 自己出陪 氣勢殺聚

二十二日晴 少山來商件 蔣果敏之嗣子德椿 號樹人 來見年已二十三矣

相貌甚好言談舉止亦極倜儻鄉泉庶幾有子矣又見客三起

二十三日陰 穀庭來商件久談又見客三起 接曾沅帥書提湘鄉事

二十四日陰（夜雨甚透） 右銘來晤孫幼穀世兄森譜辭行會試又見客三起 午後

出門晤郭子瀞病答郭筠翁爲周笠翁右銘並吾偕笠西處久坐

二十五日陰 堂期見客司道一班首府縣一班候補同通州縣兩班以後

逢五做壯午後詣善化城隍廟行香以前（楚軍前守）咸寧波海口具有顯應經浙

撫奏業蒙（寄住）8御賜匾額曰宣威武遏昨經懸掛余爲浙人理應敬謹報

謝所屬文武均隨同行禮

二十六日陰 丑正二刻趙姬舉一男命名慶甲以余今年方周甲也乳名奎章

以正在擬謝賞福字摺稿也六句生子亦所謂意外得之矣寅僚来賀辭不敢當酉刻奉到十五日五百里寄諭一道緣津通鐵路事廷臣交章論奏奉懿旨飭令沿海沿江將軍督撫按切時勢各抒所見迅速覆奏用備採擇

二十七日陰 拜發歸政禮成崇上皇太后徽號賀表（加欽獻二字） 是日皇上大婚吉期演奏益部以伸（普天同慶）慶賀也手擬覆陳津通鐵路事宜摺稿謝客一日

二十八日陰 鄭裕翁来晤談索閱覆奏摺稿深以爲然又見客三起 下午酌益吾子玖邀連梯孫（庚辰）太史培基陪益吾擬請開缺子玖將

於月初北上，席間談時事甚暢。酉刻拜發由驛五百里覆奏一摺，附謝
賞福字摺。報解頭批京餉摺。
二十九日晴。周嘯仙來商件，又見客一起。唐夔友來酌定丸藥方。先太夫人
九旬誕辰，敬謹致祭。在杭署戚友及同鄉數人、文武巡捕均來行禮。孫杭、
令鯨兒就海潮寺設水陸道場，以資追薦。拜發月摺。十四年春夏季
厘金收支摺。十四年春夏季審結詞訟片。十四年采運漕糧動支價脚
銀兩摺。采辦年例木植起運片。募補親軍左哨片。撥用藩
粮庫款片。十四年分丁漕比較摺。瞿鴻禨假滿回京片。但湘良委
署長沅道片。上官心廣年滿甄別片。上年十二月分雨水粮價摺。晚

酌在署戚友共三席巡捕等另一席 接彦侍人日書
三十日晴 穀庭耦芝来商件又見客二起午後子玖来辭行久談情致
殷拳拳至
二月朔日晴 文廟春祭文昌廟行香近来起跪行走頗覺輕爽不
似上年之重滞矣心竊慰焉歸途答客午後舫仙来談作忠
甫信 填二十八日
初二日陰 社稷壇春祭歸途答客署提督周道南鎮軍瑞龍到省
来晤久談午後送子玖行未值道但少村娶孫媳喜少坐仍順道
答客 接龍芝生江西来信

初三日陰 文昌廟誕祭本日 皇上親政詣 萬壽宮行慶賀禮

出城答周道南午後酬之邀程初陪丘營將官暨衛協馬朝龍

寶協詹 定邦均在座 接李中堂復書言病已向愈

初四日晴 皇上大婚禮成本日升殿受賀詣 萬壽宮行慶賀禮

午後右銘来談

初五日晴 堂期見客司道以下文職四班接忠甫電正月二十二日奉有

懿旨以歸政届期加恩樞直前後諸臣文韶亦以家丞部議敘

慈恩高厚在遠不遺感悚何可言喻接仲堅信知富山右近得正月杳

一女年將望五深盼一雄詎得復失深為惜之

初六日午前晴後雨　見客一起　周道南来辭行　言即日起程出城　送之　手批寶慶府稟陸宗宣被控一案

初七日晴　接曾沅帥五百里排遞信　問議覆津通鐵路大意　即日作函答之　并寄疏稿　連日天氣蒸熱　幾不能穿夾衣　作毓兜信

初八日晴　但少村辭赴辰沅道署任　又見客三起　作經羲寰遠信　竟日風狂似虎　入夜尤甚　為江浙所罕有　天氣精寒　須穿中毛

初九日陰　穀庭来商件　又見客一起　天氣寒甚　須御重裘　兩三日間氣候之不同如此

初十日陰　文昌廟春祭　岳州鎮張子和提書　校經堂山長杜仲丹貴墀

到省先後来晤又見客一起張禊亭就桃源館陳默齋回杭州辭
行均晤談默孫寧波茗笙一書以便往謁予之

十一日陰 小山来商件審録寄鄉寿縣命案六起接頌閣臘月二十日信述時事頗悉

十二日晴 三書院甄别照章在貢院扃試祝甯小山太夫人壽皆出城答張子初鎮軍回署見客三起寶慶守奇馨奎赴任岳州守文肅生到省

十三日陰雨 武廟春祭答杜仲丹掌教談有頃書味盎然望而知為有道之士順道答拜回署見客二起接惲莘耘函牘剝船事料理妥協此才圓可愛也

十四日陰 諸長沙同知望子鍾慶善等十四人閱看甄別試卷三書院生
童併計共四千四百三十餘本 穀庭来商件張子初辭行黃芍菴軍門
少春自寧鄉到省来晤久談又見客三起自辰至申碌碌未息 接夔
岩二月朔日信 燈下作書致〻
十五日晴 先光祿三十一周年忌日敬謹致祭謝客一日 致盛旭翁信商濟
大事寄由夔岩轉交
十六日晴夜雨 見客四起 奠左文襄公夫人年七十五曾受封誥 與郭筠翁談寶慶府陸
崇宣一案 歸途答客 作馮星垣信
十七日晴夜雨 皇上大婚禮成恭上〻〻皇太后徽號曰壽恭 本日升殿頒詔 黎明

詣〻萬壽宮行慶賀禮荅拜黃苔菴軍門回署看見客一起 作仲堅信
接杏蓀信爲漕務領款事接譚文卿信言二月間可以交卸〻事即行
十八日陰雨 穀庭來商件鍾善復世兄周笠翁先後來晤又見閱卷委員
一起共看四日半約每人每日看七十本
十九日晴 請趙載森環慶況顏山桂馨陳汝霖唐夔友唐蓮洲等五人總校甄別試卷見客兩
起 三孫女忽患肝厥酷似毓兒病狀自十七晚至今五六次請連書樵
唐夔友診〻 接杏蓀信寄肉桂阿膠兩事
二十日雨 堂期見客文武三班午後湯斐齋直刺來談久〻載森諸
君校閱事竣十二月摺差回省忠甫有信 得雨甚透足慰農望

二十一日陰 見客二起 答涇𨚗卿信 調補南昌 現署豐城 上年曾寄夏布磁
器等件 復函謝之
二十二日晴 譚心可来商件 吴雲階 丁憂候補道 錦章 因事到湘 来見 又見客五起
子惠謝擬補澧州缺 李爵卿觀察 國樑 由武穴鹽局道 来贊堂軍門
哲嗣也 長沙蕭姓 留兄 工畫小像 年少 招来試之
二十三日雨 校經堂送學 順道答客 魏温雲之弟 李理雲綬先来見 又見客二
起 賞校城南求忠試卷
二十四日晴 耦芝之侄 莊来商件 杜仲丹来晤 又見客二起 接毓兒初八日信 擇
三月廿四 戌 卯 二兩日動身来湘 燈下作忠甫信 拜發月摺 二日 填二十 奏 祭

酒丞先謹因病請開缺調理摺○惲祖祁等采運漕米出力請獎
摺○姜鍾琇調署善化縣片○游擊周順林請改留湖南補用片
○彙奏上年就地正法案犯摺○奏參撫兵熊上珍等藉端招搖請一
併革職片○都司廖寶田請革職歸案審訊片○正月分雨水粮
價摺 覆校岳麓試卷
二十五日晴 堂期見客文職四班又見客一起 奎兒剃胎髮生一月矣 為彬孫
聯姻善化許氏前任嘉興太守許雪門瑤光之孫女也其岳許桐生鳳藻
為兩淮候補鹽大使克齋到湘伯淵偕來由驛遞回摺報議覆津通
鐵路摺於本月十一日奉旨留中

二十六日雨　見客一起　校定三書院試卷發房繕稿

二十七日晴　穀庭來商件　又見客二起　拔貢門生新化李筱屏慶曾來為蔭湘鄉閲卷

二十八日晴　黃芳菴辭行回寧鄉　又見客二起

二十九日陰雨　李黼堂世丈來久談　索桐侯所著制服成誦編　意欲另刊一板也

三月朔日雨　文廟行香　萬壽宮期見客文武三班　程初來見　作毓兒書

初二日晴　少山來商件　又見客三起　派戈什哈蕭秉權同沈祥回杭伺候

毓兒來湘　手擬加增三書院課額札稿

初三日晴　見客三起　手擬加增三書院課額片奏稿

初四日晴　見客兩起　作裕壽帥書　寄鐵路疏稿并托巽卿

初五日陰 堂期見客文職四班又見客一起清明節祀先接沈仲復信索

協餉并借輪船護送眷屬時调撫安徽也當即復之夜雨 克齋采三函訃嵩雲竟作古人

初六日陰 先農壇祭祀行耕耤禮劉湘士来晤新親許桐生来拜人頗

篤實楷升回省接忠甫二月初五信

初七日晴 遵旨校閲省標三營暨調閲岳州營大陣槍砲技藝均有可觀 附閲徽安兩營大陣

辰正出小吳門詣大校（教）場中初回署克齋呈奔旋里到湘纔十日也辭民

之條對之惻然派人護送至漢口 采三請留權館

初八日霽雨 早晚 在內箭道閲看四營官并兵丁馬步箭（并候補將官）其候補都守千

把總及各項世職三營將官代看

廿九日大風雨　本擬赴岳麓書院送學(以)風雨不能渡江而止手擬摺片稿兩
件摺系報校閱省標各營情形片請俟科場事竣再行出省校閱
作致筠信接劉仲帥書附來夏楙軒啓論湘闈弊端節略所言
進卷先後內府佔先(外)後府(落後)等語皆揣測之談實無其事也接廷旭之
信語極樸實旭之現任四川鹽茶道
初一日雨　堂期見客文武三班又見客二起出門奠李瑞南惟丙　本擬答
客阻雨不果　作惲菘耘信　沈伯芬嵩高渡湖來將求為道地也復
蘇子熙書
初二日陰　三書院監院同見定開課日期接曾沅帥復書寄示鐵路疏稿

意主興辦一邊而語氣渾涵不觸不背文氣筆力亦極暢達自是
當行出色之作　致穀士信托劉子蔡館事
十二日陰雨　早起見客一起出門答新親許桐生晤補祝王雁峰同年七旬
正壽午後笪西斐立齋先後來久談晚酌徐芸渠王雁峰何伯淵杜仲丹
四山山長清譚甚歡
十三日雨　三營（三書院開課）將官進見午後穀庭來商件久談寄穀似信托劉子蔡館事
十四日雨　署福山鎮太湖協雷震初玉春來晤徐恩伯之子善寶自湖北來見當
揚會總李鴻藻崑岡潘祖蔭廣壽恆松泉子虞均得分校樓汪仲良
信於時事頗有所述

十五日陰雨 文昌廟行香出城答雷震初堂期見客文職四班

十六日雨 歸政禮成恭上皇太后徽號曰欽獻詣萬壽宫行禮回署見客三起 請郴州陳汝霖澍等十六人閱看開課試卷共二千五百餘本 内投考一千二百餘本 接賈岩初三日信

十七日雨 景吉人卸善化赴衡山任嚴少韓代理善化事均見審録晃州等廳縣命案四起接裕壽帥覆書寄鐵路疏稿筆墨不如兩江而事理則極為切當佳構也春雨過多恐損秧苗以速晴為盼

十八日陰雨見客一起作劉吉園信因郴孫連姻許氏請伊做媒也

十九日雨 小山來商件（二十一日府考）閱看各員政事慰勞之亮筌辞赴溆浦任接

曾元帥信唐真銓帶来

二十日晴 堂期見客文武四班 眞黄觀虞 自元太夫人久而放情精神一爽 一

二十一日晴 黎明微雨 穀庭来商件又見客二起 伯淵就亮笙聘赴溆浦

二十二日晴 見客二起 詣書牘神曹相國座前拈香 作也甫信料理應發摺件

二十三日晴 惲莘耘查辦剝船事竣回省晤談一切 程初来商件 莫卿赴濟川輪船到湘 拜發月摺○謝交部議敘恩摺○○歸政慶典○校閱省標三營及調閱岳州營官兵情形摺○請俟文武科場辦竣再行出省閱

兵片。請以翁曾桂升補辰沅道摺。請以鄭立誠補授澧州直隸州摺。任之驪李宗蓮等調署各缺片。王道隆請銷察看留省另補片。三書院加廣課額動用本款節省銀兩片 以上十九日。上年應徵新舊錢糧完欠數目摺。上年徵收下忙錢糧考成分數摺。鄭工捐款撥解山東片。補解新疆工程銀兩片。湘潭監犯越獄奏參典史摺。二月分糧價雨水情形摺 以上二十一日

二十四日晴 陳展堂晏峻山雲慶笠西先後來晤 展堂將赴台灣 峻山新放潮州鎮總兵請代奏謝恩 是午後出門答客 至右銘笠西處宴畢回署 筠翁病尚未能見客也

二十五日晴 堂期見客文職四班 接廷甫信 報十四年分租冊 及施少卿書 於各省賑捐樂输項下撥銀一千两作為江蘇賑捐 並繳都中寄来捐冊

二十六日晴 見客三起 林子鶴佐自湖北来籍 詢鄂省近政 天氣漸熱

二十七日晴 見客二起 益吾石銘先後来晤談 晚酌 巽卿長媳生辰 孫輩為之劇分 改說演清華晚台

二十八日晴 見客二起 接毓光電報 定於四月初一日起程来湘

二十九日晴 見客二起 何相山同年卸辰沅道事到省来見 久談 時將遵旨陛見也 正月分摺差回省 接志甫二月廿信

三十日微雨 相山来談 惲莘耘辭行赴江西候補 迴避奏留部駁改掣 現擬

請洛臨劉以與學喫虧三字贈之午後出門答客順至藩署与穀庭久談

四月朔日陰 武廟行香 堂期見客文武三班 貢品備齊 定初三日差弁恭

進 計君山茶兩匣 安化茶兩匣 界亭茶兩匣 百合粉四匣 荸薺粉四匣 白

蓮粉四匣 長砂一匣 又筍片兩匣 香蕈兩匣 雲耳兩匣 祁陽葛四匣 富川蓆二匣

初二日陰 嚴少韓嗜琦禀知考試武童 特代理善化也 林子鶴辭行回鄂 拜發

貢摺 作覆沅帥信

初三日陰雨 見客三起 派劉丹岑濟川輪船駛往漢口 候接毓兆巽卿附舟

回鄂 摺弁甘徵藻回省 接惠甫三月初九信

初四日陰雨 接裕壽帥書 作戴延甫信 奉到三月十八日寄諭一道 以飭

後還有神靈顯應請頒匾額等事着
令季彙題請8旨毋庸專摺具奏
初五日陰雨 堂期見客文職三班 相山來談 小有感冒 夜睡較早
初六日陰雨 審錄芷江等縣命案八起 改李中堂午節加單
初七日陰雨 感冒漸清 仍避風謝客 改卞頌帥午節加單
初八日霽 仍謝客一日 作劉仲帥午節加單
初九日雨 穀庭來商件 又見客一起
初十日雨 堂期見客文武兩班 蕭杞山之世兄邦愷到省來謝 詢以家事
尚不能僕僕就理也 李友蘭自武陵調署長沙 到省來見
十一日雨 臨桂縣楊芝亭先俊丁憂回籍來見 昔年書院門生也 錫瑞廷

芝由桂陽赴瀏陽調任到省來見校經山長杜仲丹孝廉來久談擬

為方菊人方伯進呈所著平平言一書并請將居官事實咨付史館

十二日陰霽 傍晚相山來久談送楠木傢具多種

十三日陰微雨 見客兩起午後答相山晤談便道答客

十四日霽 穀庭來商件吕昂千辭赴攸縣任又見客一起

十五日前雨後陰 文廟行香堂期見客文職三班小山試畢八屬童生來見

貴州候補道葉黔甫正因到見過省晤談郴州人又見客一起夜

訪佩九商來同司道秋審案兩起

十六日霽 審錄秋讞案一百一十起會之長沅道五十一起共一百六

十一起前任六届均不及一半也毓兒率昭孫到湘初二自杭動身一路平安举家忻慰 接曾沅帥初二日書提孫補山樹義穆生宗舫仙姪附毓兒帮同来

十七日晴 二月分摺弁回省接忠甫三月廿二信久雨放晴精神一爽竟日無客與毓兒談家常

十八日陰微雨 周小蓉範孔見回滇過省倪欽堂敬修由台湾丁憂回籍共見客八起接譚文翁陝西華陰來信言行抵華陰遇一鍼科號治眼疾右目復明現暫留接醫左目須秋仲回湘真大快事也痼疾獲瘳奉到四月初六日寄諭一道催撥京餉一百萬兩內湖南地丁銀五萬兩亦年例也

十九日雨見客一起補山辭館專課彬孫因約周斐卿來館改請補山也

夜設席款勵之并酌穆孫遴澄灶輝遠子展緯臣少蘅卿陪

二十日霽 堂期見客文武三班校定詁經課卷

二十一日午前霽午後雨 相山之三世兄吉期賀之順道答客作沈仲復穗晚峰

雨中亟賀節加單

二十二日雨 見客二起彭雪翁子翼圖籍過省彼此差帖通問因病未泊舟也

二十三日晴 穀庭來商件左世兄孝同來晤向8賜祭禮節即下午餞

相山回年勵周小蓉太守邀熙堂斐齋陪戌刻聞穀庭猝中

情形險極緯臣翰卿往視僉謂無可挽救人生如朝露良可慨也

○夜丑初首府縣來見穀庭竟作古人矣駭歎曷已即晚手稿撤

調崔清如務務署藩篆　岳常道委現署澧州裕守慶兼護。清如未到省以前，其藩司衙门公事委翁小山代行，委呂耦芝世田兼署臬篆。雞鳴始就寢。

二十四日　晴。早起手擬摺片稿各一件，摺奏報藩司因病出缺，請旨簡放；片奏委署藩臬篆務。即日戌刻由驛拜發。巳正至藩署哭穀庭同年同官，寅生倉猝不自知其淚淚何從也。歸途吞容送相山行，午後耦芝來謝委，相山來辭行，均晤談。復慈署信，以石門教堂案當查覆確情形，由貴署來信轉致也。丁筱谷來見，委赴石門查案，詳切告之。附驛拜發一摺三片。○報解二批京餉摺。○報解節省銀兩片。○報解甘餉片。○撥解苗疆經費片。

二十五日晴 止轅見客四起 閻電柯薛叔耘福成開湘臬缺以三品京堂候
補加二品頂戴充出使英法大臣數日間藩臬先後見缺官場局面
固早晚不同也接盛旭翁復信提濟大事
二十六日晴 見客三起 致裕壽師信知照委員署兩司并調補左右兩營守備
復施少欽書滙寄山東賑捐銀二千兩由捐輸局籌款 又秦文伯午節加草
二十七日陰雨 冀玉年嫂夫人雁峯就晤笠西鶴臯少雲諸公談荅杜
仲丹晤商蜀人事宜擬為奏請飭史館立傳也順道賀姜
崑山善化呂耦芝署臬喜
二十八日晴 見客兩起 復陳伯雙馮夢華左豐生劉名譽諸君書

交本月摺弁帶京拜發月摺○請開復減議經征各員處分摺○何其兆年滿甄別片○代新授潮州鎮婁雲慶謝8恩片○保靖縣監犯越獄分別議處摺○對調本標左右兩營守備摺○三月分粮價雨水情形摺　作江蘇觔方勉夫午節加单　又一村第一期會課平六人

二十九日晴　作忠甫信料理節務

三十日晴　工部員外陸子餘孝慶來見武岡州人癸酉會考門生也作巴陵令周馨之孟德信附地方情形節略利弊瞭然屬其加意整頓杜仲丹孝廉函交也

五月朔日午前陰後雨　文昌廟行香望期見客文武四班閱電抄湖南臬司8簡放沈晉祥浙江人山西冀甯道　閱電抄李木齋世兄以一甲第二人及第

初二日陰雨　小山来商件唐夔友湘鄉查案面見接部文二月初二日舉行

○○歸政典禮並蒙○恩加一級　向不奏摺謝　又正月二十二日欽奉○○懿旨垂

簾聽政以來軍機大臣朝夕論思恪恭匪懈每遇軍國重事指示機

宜均能悉心區畫克慎克勤現在歸政屆期深宮數十年兢兢業業

懷可以稍釋實惟前後諸臣夙夜在公襄成郅治允宜特沛恩

施以示寵眷等因　臣文韶蒙○恩交部議叙應遞謝○恩摺已於三月二

十四日據邸抄拜發恐部文遲到也　接忠甫四月十二信摺差帶歸

初三日晴　復但少村信商免苗田稅契以省擾累

初四日晴　拜發○○萬壽賀本見客兩起料理節務竟日碌碌

端午節晴 寅僚見賀照例辭謝差帖答拜 酌在署戚友設兩席款

收詢書

初六日晴 見客二起 奎兒生百日矣 在署戚友劇（醵）賀演清華晚台

初七日晴 笠西來談 藕老小山先後來談 見邵子惠銷假 接易沅帥四月廿二

日書謝加書院課額 天氣驟熱

初八日晴 嘯仙來商件 又見客一起 作寶岩信 夜微雨

初九日雨 見客五起 致陳雋臣中丞書 賀乃郎兆蓀留館并寄電

抄散館各諭旨一道 遞桂陽州轉送 閱申報四川瀘州於三月

十二晚大火歷時一晝（晝）夜至十四晚始熄 詳查保甲戶口冊被焚三萬六千

零七家燬屋八萬七千餘幢焚斃男婦老幼一千二百有奇攤擠踹死廿四百餘口被災難民約十七萬餘人如此奇災真聞所未聞也

初十日晴 堂期見客文武三班午後小山来商件沈仲復中丞眷屬過省乃郎硯傳世兄瑞琳来見年十八氣宇安舒之至

十一日晴 耦芝心安先後来見出城答沈世兄

十二日晴 見客二起與龍陽令毛勛卿 隆章 論鄧燮昌南洲事宜

十三日晴 國廟誕祭程初来談作杭信 致仲復告知眷屬過湘日期

十四日晴 雀清如到省来見定於十七日接署益潘篆 俞鶴舉同年来晤久談又見客二起

十五日晴 武廟行香 堂期見客 文職四班 接蔚庭信 寄有留京像
具呈宅借用數目單 子惠丈閱丁茨谷豐州來信在內 教案糾
結甚嚴 初日 札印委各員迅速查辦
十六日晴 李幼梅世兄來晤商請籌濟保節堂經費事 又見客
兩起 拜發秋審本 手擬通飭查辦赦典款札稿一件
十七日雨 清如接藩篆來謝 以近日大概情形告之
十八日晴 拜發 萬壽賀摺 道清如罷署藩篆喜 看孫幼穀世兄
順道答客 又一村第二期會課 周棍榮等三十人 接仲良電報
湘藩放高萬鵬 府尹放陳夔龍 未到任以前仍高署 初九日 諭旨

十九日晴 見客一起 徐煦堂勷回廣西領餉 長沙城隍會第一日街市甚安靜
因院考在即飭令提前舉行也 夜雨
二十日晴雨間 董期 見客文武四班 兩首邑 李友蘭 姜岷山 商購公所事 作
裕壽帥信 論石門教案 正函賀乃郎入詞林
二十一日午前晴午後雨 見客二起 新授廣西巡撫高紫峯中丞崇基到任過省
照例恭請 聖安 彼此往返晤談 人極樸誠可敬 奉到初八日 寄諭一道 催滇餉
二十二日午前大雨午後晴雨間 見客三起 張燮鈞學使歲試寶慶永衡三屬回省來
晤 下午酌高紫峯中丞 約清如藕孚之筱莊陪 清談甚暢 接子玖
到京信

二十三日雨 高紫峰中丞來辭行又見客一起

二十四日雨 早起送高紫翁前行答拜紫翁阻雨人坐四署審錄黎植等縣命案五件見客四起由驛遞四月茜拜發摺件

二十五日霽 堂期見客文職四班善化城隍會第一日

二十六日雨 見客一起 復蘇子熙書

二十七日霽 清如來商件作杏孫信由漢口電局轉寄

二十八日晴 省城隍誕前詣行禮回署見客三起省垣長善城隍會向於五月間舉行相沿已久丙戌年當道禁弛不時釀成巨案燬灊署上房案 本年不多顧問行止聽其自便都人興高采烈哉特有斬決者

於舉國若狂惟適值府試未竣院試已臨人數驟增兩萬以外頗
為耽心茲已畢事地方一律敉平並無些小事故而此數日中食力窮民及
小本經紀沾潤正復不少可見此等事只須操其大要正不必務於心
作意於其間也察看地方情形應禁則禁民間亦無不諒、、者
二十九日晴 周小蓉太守從範辭回雲南帶解協餉四萬兩新授鹽道
竇養榮到省談有頃初到事忙即辭之令勿拘三日衙門俗例農部舊人記名簡放之期已一年矣接閱
電抄湖南正考官放高賡恩直隸人副考官放陳晃浙江人順天籍
手擬覆陳湖南鹽制應仍其舊毋庸裁額併糧疏稿
六月朔日晴 文廟行香望期見客文武四班 覆核昨擬奏稿

初二日晴 見客四起 手擬兵額毋庸裁併夾片稿 正摺意有未盡另加一片

初三日晴 嘯仙來商件 拜發月摺 填五月二十八日 ○遵議湘省營制礙難裁額併糧摺 ○又片 ○四月分雨水糧價摺 ○例撥文闈經費片 ○報解滇餉片 ○報解廣西協餉片 致忠甫信

初四日晴 見客四起 友蘭崑山同見 稟商科場事宜 下午陣雨

初五日晴 堂期 見客文職三班 彬孫右腿失跌傷筋 詎今一年矣 近日腫甚 行走微跛 慮成痼疾 因候補將弁譚有勝精祝由術 醫病頗效 邀請治之 不知果能應手否 下午陣雨

初六日晴 見客二起 接子蕃賜信 知五月十二日得一女

初七日晴 見客一起 清如載壽先後來商件 四月分捐并田省
接忠甫信 接李中堂五月十一信 知鐵路定盧溝橋達漢口之
議從廣雅張香濤所請也
初八日晴 小山來商件 又見客兩起 作裕壽帥信 炎暑逼人勝於三
伏
初九日晴 幼梅程初同來謝保節堂撥款 又見客一起 午後佩九來
談 知蔡符生病故 藩署舊友 品學俱粹 此道中不可多得也 爲可惜耳 酷
熱如昨 吾州無此炎威也
初十日晴 堂期見客文武三班 裕寰壽謝 筱莊接卸鹽道篆來謝 午

刻接忠甫、仲良電報，敬悉本月初二三日出缺，恩簡放雲貴總督，寵擢兼圻，恩添責重，感悚何似。寅僚來賀，見司道首府縣兩班。卻小村、補湘樓。

十一日晴。至鹽署篆道紹寶齋接篆。喜久設孫春皋廬訪病故，弔之。酷熱、較前數日尤甚，為歷年來所未有。下午長沙同知王子餘慶善來見，以學台發案太遲，屬其轉致一催，現代辦提調也。五月二十七日開考後僅發生童經古兩案，其初一、初三之生正場，初五、初七兩日之童正場，至今一案未發，亦歷來所未有也。

十二日晴。清如來商件，又見客三起。酷熱如昨，幾不可耐。妻姪道紹寶齋充文闈提調，候補道劉定夫充監試。克齋於前月九日自漢

口開船至今未到炎暑長途阻風日久心實系系

十三日晴 心莊安來謝委署 吳岳常澧道又見客兩起酷熱如昨

十四日晴 見客三起 復但少村公事信 天氣仍熱極

十五日晴 文昌廟行香 天氣太熱止衙參 克齋抵湘自明日起程已四十二日矣身體尚好深以為慰 王益吾大司成送新刊國朝十家四六一部 下午微雲炎威稍減

十六日晴 寅初護月 卯初二刻禮畢 與克齋談家常

十七日晴 早起北城謝客 晤笠西談 清如來商件 又見客兩起 接沈眉孫廬訪信 言六月初入都 陛見後即可到任

十八日晴　早起赴南城謝客藕芝小山先後来商件曾慕陶世兄廣漢霖森世兄廣江来晤沅師之文孫也霖森於入泮極倜儻慕陶極質直兩均有書卷氣可羨也孩小村書賀廾巡撫向何日可以北上申報放缺　諭旨内有即行来京　陛見之　命　昨接杭州信知小村現任有城信、文帳房餞送

十九日晴　心安辭赴岳常澧道署任手擬稿請傅已故記名提督蘇元章餉部議卹疏稿　接曾沅帥賀信并提辦仙事

二十日晴　堂期見客文武四班編臣垚臣子展回籍應試夜得雨未透

二十一日陰　篮西来晤又見客兩起武陵陳悦喬孝廉時福来見

陸鳳石侍講為之說項氣宇甚豁詢知久處筆墨館即約其到署代庖以赴臣子辰去後署中正需人少也　復裕壽師書自十五至今熱中帶爽頗覺宜人

二十二日晴　清卿藕芝先後來商件又見客兩起出門奠譚心可夫人下午約子惠來談

二十三日晴見客一起手擬謝 恩摺稿接 晉孫電報定於七月初七日出京

二十四日陰　東城謝客晤成靜齋久談回署見客一起午後作雨未果農田亦將澤矣。

二十五日午前陰後雨　昨晚今晨兩次得雨，雖未深透，亦足資潤澤矣。

堂期見客文職四班。花衣第一日。夜雨頗足。

二十六日晴陰雨　寅初詣

萬壽宮行慶祝禮。正在作蔚庭書，適閣中

報知放江西副考官。柳塞已久，得此差強人意，可喜也。夜雨甚透。

二十七日陰　見兩首邑吳佑周、俞曲中欽自京來，必穀之子也。季和有信。

二十八日晴　孝廉書院開課。作戴延甫信，商論杭州宅務。既雨

晴亦佳，歲事大好，可喜也。

二十九日晴　黎明陡發寒熱，大便頻數，兩腿酸疼，腰脹，頗似患病。請徐

衡山來診之，言感受風熱，兼有溼滯，當無大患也。委頓竟日。

三十日晴 病象稍減仍請衡山復診 竟日避風神氣頗之
七月初一日晴 諸恙均退壯腹略舒但未甚盛痢矣衡山仍來復診酉刻
接到部文光緒十五年六月初三日內閣奉8上諭雲貴總督着王
文韶補授未到任以前着譚鈞培兼署欽此吏部於六月十二日由驛行文
驛遞又遲宜其久候不至也
初二日晴 奉設香案望8闕謝8恩換一品頂戴補服敬告 祖先
沈仲復中丞由粵西移節皖江過省來晤談一時許新病甫愈
頗覺羸矣作惠甫信拜發月摺廿四日填六月0代楊岳斌奏慶曲議敘
謝8恩摺0又服闋赴京北上片0奏銷錢糧案內未完一分以上銜名摺0

蔣德椿兼襲世職片○守備馮登甲因案請革職片○吳蘇元章請卹摺○請在衡陽縣地方建霆軍專祠片○五月分雨水糧價摺 以上四摺四片俱本日拜發○、補授雲貴總督謝恩摺○二麥收成分數摺○莊賡良委署岳常澧道片○鄭工指輸撥解山東片○報解黔餉片○十四年秋冬兩季牙厘收支摺○十四年川粵鹽厘收支摺 以上四摺二片俱日拜發 是日早向偕同司道公祭穀庭

初三日晴 擬出城候仲復竟不能勉支竟日未出臥室

初四日晴 小病甫瘳初二日似覺太勞昨今兩日又憊不可言仍請衡山復診

初五日晴 修理科房落成諸神安位前往行禮十科各書吏另爲余設長生
祿位亦多事也出大西门答仲復談并約下午小叙邀小山子惠
友蘭陪竟日酬應殊覺勉强支持夜大雷雨
初六日雨 出城送穀庭靈櫬登舟卌載同年一方共事遽尔永訣悲痛難
爲懷幸其子幼穀孝廉能讀父書人亦誠篤爲可慰耳連日未能
靜養精神仍甚憊也接服衡山方
初七日晴 養息一日請衡山復診
初八日晴 輝遠回籍應試搭濟川輪船赴漢致雙雲鵬書托許子
社監院事仍謝客靜養

初九日晴 再謝客一日 衡山来復診 天氣又熱

初十日晴 早起赴貢院 三書院決科 文題子曰夏禮吾能言之兩章

詩題人在蓬萊第一峰字 得萊 報名一千二百數十人 實收一千〇五十二卷 歸途吞

吴佐周昨日起 諸恙漸平

十一日立秋 晴 學台歲試竣事来晤 清如来商件 又見客三起 午後大雷

雨

十二日晴 見客兩起 夜大風并雨 上燈後率兒孫恭接祖先

十三日晴 小山来商件 請王子鋒、慶善等十二人閲看決科卷 午刻行中元祀先禮 下午陣雨

十四日時有陣雨 午後出门謝步 在李質堂軍门、徐芙渠山長兩處避雨久坐晤談

陵新授陝臬岑楚卿毓寶信彥卿制軍之胞弟時在湖北謝

恩候旨

十五日晴 小病初愈尚資養息請藩之代行香見客一起寄許星叔

孫萊山兩世丈信 孫送素分 李紫侯紫俊之筆田鄭繞道專誠來候

十六日晴 藕芝雲菴先後來商件又見客三起五月摺弁回省兵部瀾

毋庸裁併摺奉批該部知道又片奉批知道了忠甫華仲

均有信三捷挈眷孫壽宅於本月初七日出京華仲眷屬偕行約

計月內必可到湘矣

十七日晴 詣學署商論錄遺事宜見客二起曉酙吳佐周李紫侯命

積兒陪翰卿芸史润生在座接奉初三日8寄諭催山東堤工撥款

十八日晴 右銘來談又見客一起出門向鄭翁詢翁病尚未能見客會筮西右銘在筮翁處久坐接津電喜孫壽於十一日抵津十二日坐海晏船南下 李筱屏拔萃慶曾自新化到省前有信約來襄辦筆墨也

十九日晴 清如來商件又見客二起 天氣熱甚 聞電播初十日裕壽山補〇盛京將軍

二十日晴 天氣太熱仍止衙參 三營騎衡州協同見謝兵額毋庸裁併行知下午得陣雨

二十一日晴 小山來商件 黃石蓀世兄宗炎回籍應試來見昌岐軍門之姪

嗣也又見客兩起雲南維餉委員翁述唐觀察壽籛來甚勞極均有
信并送土物六色如茯苓普洱茶之類鄧小赤湯幼菴均附函并各惠藥品土宜五月
初中旬所寄尚在予簡放滇撫之前天南故舊忽殷勤亦機之先見
者也
二十二日晴翁述唐來見藉詢滇中大概情形清如藕芝來商件
又見客二起下午陣雨甚大幸不久即止正在收割秫暢晴半月
則十分年歲矣
二十三日晴清如來商件又見客兩起驟雨暢晴可喜也
二十四日晴李幼梅來晤談周嘯仙過道員班來謝前雲南永

昌府潘子成英章来見湘鄉人熟悉滇省情形頗有識見昨有朝鮮使臣趙玉坡游歷到此改（送自）書楹聯堂幅等件擬荅其意而今早已長行矣為之歎哉

二十五日晴 兩司来商件 沅州府補趙裁弁 又見客兩起接湯幼菴信

名聘珍官雲南鹽法道 述滇中防務頗悉

二十六日午前晴午後雨 藕芝寔菴載弁先後来商件件 筍述唐来談又見客二起閱電抄十三張香濤調兩湖李筱帥補兩廣審錄命案九起 夜澍存書著戚友三幅

二十七日陰 劉毅齋中丞自新疆請假回籍到省来晤久談藉知西路近狀 劉湘士世兄謝奏請改籍善化 又見客一起 李亦青商科場事

出門荅客，夜，舫仙處坐談，燈下作延甫、子韶、裕亭、綬彝、寅遠信五件 布置公家事

二十八日晴 又一村第三期會課周犀溢等二十六人 見客四起

二十九日晴 清如實奔譚心可先後來商件 又見客兩起 昨接小村

復信，言十月初可以到湘接篆

八月初一日晴 舫仙來談 又見客三起 傳驗文闈小委四十餘員 以便派委各項差使

奉到十五日寄諭一道 催劉錦棠不必拘定假期 迅速回任 主考進城

初二日晴 考試薦官 文題堯舜帥天下以仁而民從之 詩 濟川 免 已刻三鼎

率喜孫暨兩孫女到湘 二十四日由漢口開船用小輪船拖帶 並舟已歷

八日緣廿六七八三日北風太大風逆浪急不敢行駛在新堤停泊三

日故也大小平安深為忻慰夜談家常子刻始就寢

初三日晴 見客一起 午後閱視貢院本屆備辦一切視往屆較有精神

場事漸近諸形粟碌

初四日晴 文廟春祭回署見客二起拜發月摺 填七月二十八日 ○報解三批京

餉摺○呂懋恆劉朝焜互相調署片○報解滇餉片○報解夏季節

省銀兩片○審明湘潭縣疎失監犯禁卒等定擬罪名摺○又緝獲

逃犯湯一球審擬加片○上年冬季審結詞訟片○席寶田病故請

8卹摺○上月分雨水糧價摺○劉式衡等請入籍善化片○休致

守備邱錦榮援8恩詔請開復片 晚席研香聯曰書生自愧[illegible]

中來憶黔山瘴雨橫飛曾奏蘭陵破陣曲帳下多干城之選

枕湘水白雲高臥空留羅甸紀功碑（翰卿代擬）○接忠甫電謝8

懇請8覲8摺奏8批着俟邵友濂到任後即赴新任毋庸來見

欽此

初五日晴 社稷壇春祭回署着見客一起檢點入闈事件畢碌竟日

初六日晴 午正初入闈未正升至公堂點派內外簾大小執事內監掌

劉華邦同考官王慶善沈錫周孫儒卿左斗才龍起濤

熊會心唐賡沈贊颺楊永芬劉榆生張貴良潘介繁受

卷官陳濬書吳壎陳吳萃杜鼎元彌封官馮汝修顧丙

炎謄錄官李瑚清慶瑞趙廷光對讀官張秉煊秉忠

韡外收掌黃國瓚瓚鄧圭芬圭考高熙廷編脩賡恩陳

魁生修撰晃提調紹賓韋道奔榮監試候補道劉定夫鎮

内監試候補府趙再奔環慶内供給調署長沙縣李友蘭

宗蓮外供給調署善化縣姜崑山鍾琇循例祭魁星樓明遠

儲英井事畢小憩鈺孫隨侍入闈俾拓眼界

初七日晴辰初起無事假寐午正始醒酣暢之至外簾五所各官

進見隨其所職諸屬之午膳後循例拜提調監試申正

升至公堂監印題場號戳戍正畢手擬示稿中明添注塗

改定例并上年補貼成案剴切勸諭交供給所刊刷小張號於初八日封號後實貼號內俾知儆惕稽錶私改之弊庶幾少戢乎

亥正就寢

初八日晴丑正起寅初開點辰初未初兩次進内小憩并午膳酉正點畢戌正封门本届人數較少接卷一萬八百五十二名實到一萬六百六十二名封门之早爲歷届所未有場内外亦一律清肅子初開内簾门請題與主考隔簾三揖如常儀廿五公堂散給四書題子曰觚不觚觚哉觚哉下襲水土胷中正四面吞若雲夢者八九得吞字

實到人數憑巡綽官揭開不缺扣準總以實收試卷爲斷

初九日晴　午後監印二場坐號查出頭場卷三本即時向本
號查明更正天氣炎蒸不減三伏
初十日晴　午初放頭牌是日下令無論何項執事當差人等
一概准出不出入三牌後親至龍門旁察々自開門以迄封
門竟無一人敢擅入頭門者可謂法在必行也鎔孫回署
本日所收卷共先提二千四百卷於亥刻并發弥封所頭場貼
出三十九名又補貼四名天氣較昨更熱竟日汗不止
十一日陰　卯初正開點未正已畢候至酉初封門鎔孫仍入闈侍晚
親至弥封所監視歸卓以外閒坐持內府先騰々說故背令

内府故謂外府每一红號各半匀配也亥正二刻請題易六三觀我生進退書古我先王暨乃祖乃父胥及逸勤予敢動用非罰世選爾勞予不掩爾善詩維南有箕四句春秋三月公如楚昭公七年禮南不盡衡山今日天氣稍覺涼爽

十二日晴 監印三場坐號長刻第一次進卷一千二百本 酉刻第二次進卷一千二百本 提前卷進訖 頭場除貼出及因病繳卷外實共數彌封一萬六百十五本 内書復看出不完卷一本

十三日晴 午初收牌彌封所報（本日巳刻）頭場完竣進卷二千四百本（共一萬六百十五本）連前共進四千八百本 余監臨湘闈已歷五屆行將去此不可無以留別

爰擬一聯曰鳴鹿荷恩光今年恩科對瑣闈明月第五回圓喜

此邦代有人文麟鳳早呈五國瑞飛鴻留宦跡望滇海鸞雲

數千里遠與多士重申剡意楩柟萬[莫]負楚材良就鞠卿稱酌

定也

十四日晴　卯初開點未初點畢酉初封門循例酌提調監試內

供給陪亥正二刻請題一經學二博士三洞庭四楚南良

吏五車戰舟師　進卷二千四百本連前共七千二百本夜涼

十五日陰　巳正開內簾門與兩主考相見賀節坐談有頃酉正

共一萬[illegible]百本

放牌出場約千人戌正封門謄錄報頭場完竣進卷二千八百本

連前共一萬人本謝8恩摺弁回省忠甫陸孟孚有信

十六日晴 卯正放牌 申正横光進来看視少坐即歸 揭數 進頭場尾數 末批卷

六百十四本 另補貼一本 共一萬六百十四本

十七日晴 同道三姓官首府縣均進見分三班 又程初来晤澄妹穆孫

来留午膳 壽元两孫来看 壽田署元留宿闈中 弥封所報

本日丑刻二場完竣共一萬四百二十五本 留受卷各員覆校頭

場墨卷

十八日晴 收卷官覆看墨卷畢 銷差出闈 補貼四本皆添注塗改逾限並

百數十字及六七十餘字者 鎔元两孫回署

十九日晴，學台信來，深恨府學記教授松雲未便作復，房嘯仙小山前往代答，以釋其意。架上有百子全書，暇時隨手翻閱，附記書目〇

博物志十卷 晉張華撰 續博物志十卷 晉隴西李石撰 搜神記二十卷 晉新蔡干寶令升撰 搜神後記十卷 晉陶潛撰 拾遺記十卷 晉隴西王嘉子年撰 述異記十卷 梁任昉撰

謄錄所報本日亥刻二場完竣，彌封所報三場完竣，共一萬三百三十八本。日間出堂一次。

二十日晴。翰卿來談，即同午膳。友蘭見談，對讀所報二場完竣。

二十一日晴。彌封官銷差出闈，外供給帳房蔣幼懷進見，嶼楨兒來，令其錄出奏底一件，尚須細加刪潤也。恭承恩詔事，收掌官報二

場掃數進畢共一萬四百十八本並殊對原數扣除七本

二十一日晴 謄録對讀各號三場完竣除扣出外共一萬三百三十九本

提調監試內供給謄録收掌各官先後進見謄對各生每人

賞錢一百文循向例也

二十三日晴 謄録對讀兩所委員銷差出闈手擬疏稿一件請將方大湜政績宣付史館

收掌官報三場卷掃數進畢戌刻闈內簾官與

兩主考相見告知明日出闈

二十四日晴 辰刻出闈回署見客五起拜摺正摺四件夾片四件。

房考不敷添派候補人員摺○本屆新漕仍請於徵兼籌采運

摺○請以趙環慶補沅州府摺○請以唐步瀛補瀏陽縣摺○
劉錦棠到籍日期片○動撥庫款片○請銷因粮莠餉片
○鄒先贊更正保案片 夜雨一陣 譚文卿卸陝甘督回籍
二十五日晴 拜發○○○皇太后萬壽賀本 鄭筠翁、徐芸翁、翁笠
西、益吾先後来晤 均久談 以閩事畢承来商 訊也黃石蓀世兄
来見 接俊臣中丞書 以南行有日 專丁投贈意甚摯摯 收袍褂料寫碑文
董書手卷 劉書冊頁 復函謝謝 並送恭煒表耦 渠新 夜微雨
二十六日晴陰 兩司来商件 久坐 又見客兩起 寧鄉監生周桂坤 年二十一
肯讀書 天分極高 自陳求見人頗雋爽 却撞其亟於自見以深

藏勿露勛了

二十七日雨 見客三起 手致曾沅帥書

二十八日陰 見客三起 陳伯言世兄三立来（論鐵路事）久談 午後答張嶽樵鈞學使

久坐暢談

廿九日陰 清久来商件 黼堂丈 陶少雲来晤 又見客二起 午後拜譚

文翁久談 右目復明 亦難得也 亦樹 幼雲 與卿 自鄂来

三十日霽 校經山長杜仲丹来晤 又見客二起 午後出門謝客 晤

鄭筠翁久談 忽提其錢氏夫人事 似有所待之機矣 晚酌 亦樹

幼雲 筠翁 與卿 筠陵 孫芸史 陪 席間暢談甚適

九月朔日晴　文廟行香，歸途答客，并祝朱星垣五十壽，回署見客，兩起。譚文翁來久談。今年為余六十初度，寅僚以交卸在即，擇於初四日為余致祝，辭之不獲，連日官場紳士紛紛送禮，若俗例做壽然，深以未能堅辭為悔。賜禮物祇收屏幛對聯等事，其餘一概璧謝，然已覺應接不暇矣。天下本無事，庸人自造之，三復斯言，曷勝愧悚。

初二日晴　早起送亦樹還宜昌。審錄武岡州等處命案八起。清如、耦芝、小山先後來商件，客來絡繹。先光祿九十一歲冥誕，辰率兒孫輩敬謹致祭。

初三日陰雨見客兩起省垣士民恭送匾額曰慈惠之師事同循例

受之不能無愧拜發四摺三片 填八月二十九日 早稻收成分數摺〇、代劉錦

棠覆陳省親情形片〇遵解黔省鉛本銀兩片〇查明唐真鋐

參案請旨摺〇謝晉鈞請卹片〇欽承恩諭謹就所知獲

咎各員懇請恩施摺〇七月、分雨水粮價摺下午兒孫輩稱

觴晉祝圓團家慶喜氣盈之庭亦人生極快意之境也渥邀

天眷薄德何堪能無倍深兢惕夜雨

初四日陰 官紳見祝一概擋駕酌本署、戚友共三席演春臺部

上房演清華部 未刻赴蘇家巷李質堂軍門宅偕省諸臣

伸公祝也郭筠仙譚文卿徐芸渠王益吾陳舫仙王雁峯何伯
淵周笠西俞鶴皋陶少雲楊蓬海陳程初均在座進門後東花廳設壽堂
行禮畢至西花廳入席演仁和部被意有加受之殊多愧色暢叙
竟日戌初始散
初五日陰雨 請練營及水陸防營各將領共六席 接仲良電知中村於八月廿九日出京
初六日陰 司道首府縣携尊見祝 傳集演仁和春益清華三部演馬
芳園城一齣上臺二百十餘人可謂大觀矣亥正席散
初七日陰 見客五起 檢點衣箱清冊分別帶杭帶滇料理應辦摺
件前日仲良來電言八月二十四日天壇祈年殿被雷火災上吳有二語言

深切者明詔興修漢口鐵路之旨未及一月也天變示之矣其孰無悚懼
初八日陰 答請初四日公請諸巨伸到八人鄭筠翁譚文翁李質堂
王益吾陳舫仙陶少雲楊蓬海陳程初設兩席演春益部
外傳名腳十二人暢叙竟日夜雨作患甫信拜發二摺兩片
○光緒十四年錢糧奏銷摺○籌撥厘金賑濟武龍二縣水災
摺○舊賦比較摺○前陝安鎮標兵余虎恩起病片○秋壽南
曾慶溥年滿甄別片
初九日陰 申初入闈發榜酉正入座填榜本科中五十六人寶二人衡六人永八人岳澧各二人常三人桂一人[illegible]各一人廣
額十五名共七十一名長屬中四十五名解元羅維垣附生善化[illegible]

科第一周聲溢（最後中）上次又一村會課陸成宇本屆又一村會課中
（諱先節）周聲溢司馬鼐伍國霖張百均俞葉慶壽並名又副榜
一名陳申冀亦尚不落寞也子初攜曉田署
初十日霽 早起至貢院拜兩主考午後請山長暨省內外紳士到十人王雁峰同年皆座陪
人和清華兩部客皆盡歡
十一日晴午前見客四起午後南半城謝客小山來言六月十四亥
刻歲星入月在箕四度九月初七亥刻歲星再入月東西穿過在箕一
度星變屢見不知主何吉凶甚可畏也
十二日陰 清如來商件 午後北半城謝客

十三日陰雨。午刻行謝恩禮。此次科場内外清肅，榜發後人情帖然，謡言不作，歷屆未能如此之純美也。

十四日陰。午前見客，午後赴貫公祠，公請高熙廷、陳冠生兩主試，酉正散。晚酌候署、戚友及太倉同鄉，設四席，演仁和部。

十五日陰。檢點、運捆行李，竟日碌碌。

十六日陰。午前見客，下午至鄉祠，公請陳冠生殿撰，中席先歸，以料理遣回大房眷口，定於明日登程也。

十七日晴。本省紳營公送匾額八面、名傘三千柄另牌大小書對，以奏免減額一案，倍形踴躍也。大媳率孫男女七人登舟回籍，三孫女暨壽孫挈同赴滬，小兒女依戀之情出於

天性對三弟兄顯甚章鈺孫近來稍知人事冀其力學敦品以無貽門第羞耳潘姑補山潤生克齋少蘇同行仲約龔卿亦同帮回鄂

十八日晴午前見客午後請高熙廷陳冠生兩主試張燮鈞學使崔清如宮耦芝侶賓奔謝筱莊周嘯仙翁小山諸觀察趙載奔況顏山朱冠臣徐心畬四太守李友蘭姜崑山兩大令演仁和清華兩部甚有興會子初始散當致曾宮太保假小輪船

十九日陰見客四起北風水漲眷屬上船後不能開行孫男女輩陸續登岸小憩濟川輪船初二日送亦樹至宜昌至今不返亦可怪也新授雲南遺缺府覺吉新兵部舊僚也自京赴滇繞道來見促其速行

二十日陰雨　午前客多　檢點應發摺件　北風轉甚　歸舟仍不能行　濟川亦杳無消息　殊覺悶人　蔚庭伯葵學使陳聘臣同年寄到壽幛等件

二十一日陰　午前見客九起　下午張燮鈞學使招飲　清如定夫同席　亥初始散

二十二日霽　客來絡繹　兩主考先後來辭行　作忠甫信

二十三日陰　午前客多　午後清理書頭積件　拜發月摺　請以文綬調補長沙府知府摺○報解末批京餉摺○請於省城及郴桂地方建立劉長佑專祠摺○八月分雨水糧價摺○報解秋季節省銀

兩斤。掃解本年廿餉斤。藍家垸堤工請免造銷斤。樊本
德請免騎射斤。張大帥欠解錢漕請摘頂斤
二十四日晴 午前見客 撥弁（七月廿、發）回省 接忠甫八月廿六信 小村尚無到鄂消
息 濟川亦竟未歸 兩主考待輪未發 殊爲焦急
二十五日晴 午前客多 午後（至魚塘公館）送兩主考行 冠生他出未值 與熙廷太史談
學養純粹 藹然盎然可敬也 接忠甫電 醇邸五旬正壽代送禮收四色
二十六日晴 兩主考起節出城 恭請 聖安 （并送行）熙廷係。上書房行走 例得
照三品儀注也 濟川輪船甫於本日黎明赶回 尚不誤事 否則大難
爲情矣 順至眷屬坐船一看 北風未轉 （十七日上船後）至今尚未開行也 （夜）丑刻四著西

南隅民房失慎與科房祇隔一墻西北風狂甚大為驚駭幸練
軍洋龍迅速撲救燬民居兩家即就衰熄亦云幸矣文武各官
咸集救護徧謝之

二十七日陰 司道来晤接裕壽帥書抄示山村電信言二十一日自滬啓
行須初五六抵湘武闈以平舉行為合當且辦也

二十八日陰 拜發長至賀本竟日客多酬應甚乏

二十九日陰雨 午前見客清如来商件料簡行李粗有頭緒

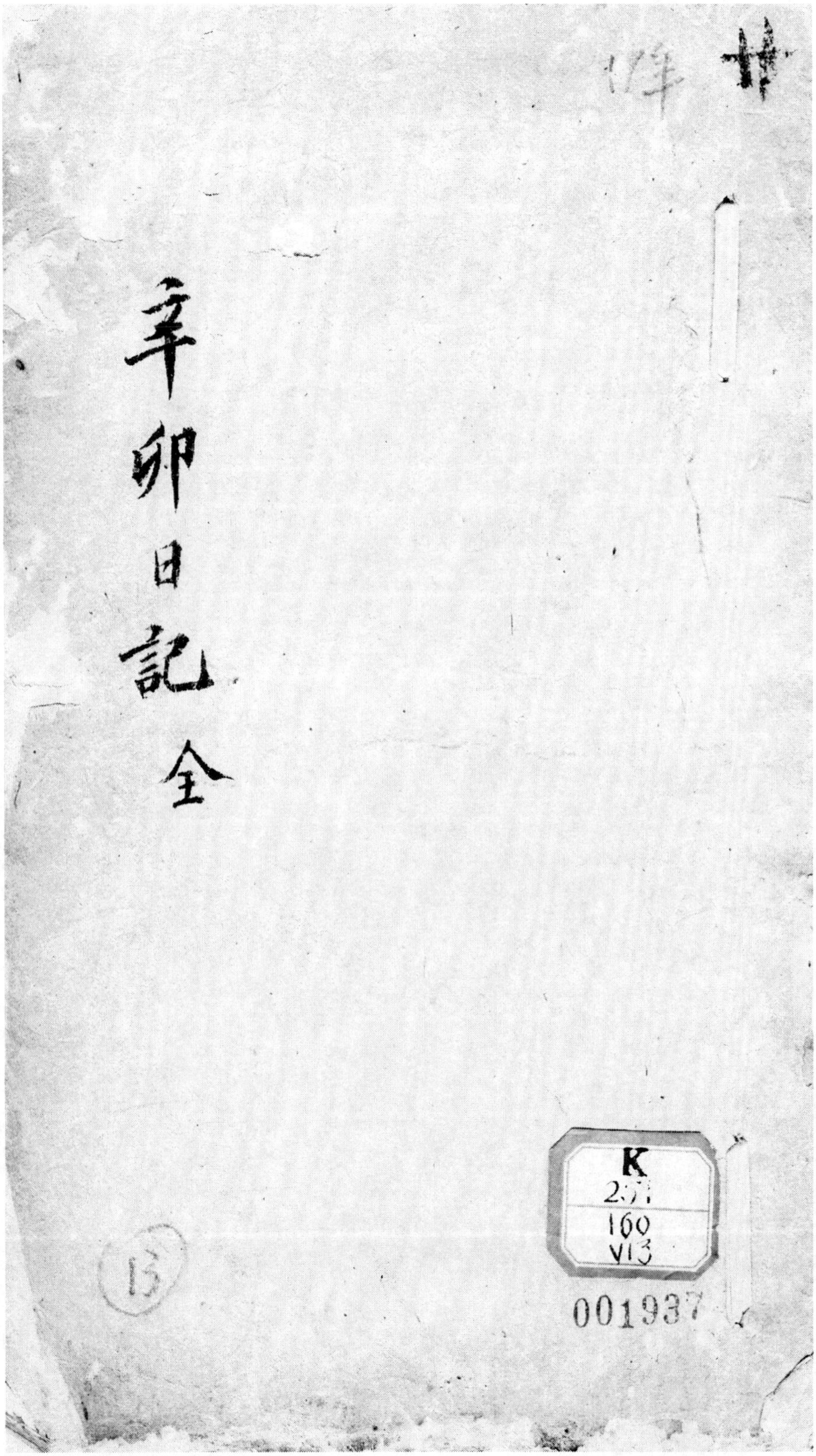
辛卯日記　全

光緒十七年歲次辛卯六十二歲

正月庚寅朔丙寅晴　寅正二刻恭詣五華山萬壽亭行朝賀禮〻成同人即在朝房團拜省例也少坐候天明偕序卿同詣文武廟暨城隍廟行香回署見客司道一班小坐待茶餘武職五班文職均五班分二堂行禮即送出敬天地禮祖先署中親友彼此往還事畢已辰正矣午後小憩閱許茚山五塘詩草兩冊晚祀先

初二日晴　出门拜年逾時而畢均親到不登堂也手復仲良制軍信仍與序卿同具名附入公牘併發

初三日晴　忌辰無客作裕亭子饒及杭帳房信併同若笙及毓兒信彙發由駐鄂文報局轉寄

初四日晴　見客一起接仲良電伯垂沉石又相繼謝世可歎也
初五日陰　午前見客兩起崑山来暢談亢晴日久深盼雪澤今日天氣
濃陰春寒料峭頗有釀雪之意
初六日霽　序帥来拜小秋商件岑雲階世兄辭回桂林談久出门拜客在善後
局礦務衙门少坐繩之楚之卿晴濤均在局得晤到门僅投刺而已接
程邵信知譚文帥奉電旨徵召現正料理進京
初七日晴　忌辰無客蘭言搬回書房復仲良電屬致蔚庭送兩金賻
儀各百金並電致恆和發付
初八日晴　早起見客一班出门拜客晤序帥崑山小秋談接鎔孫十二月十
六日安報言定於正月廿二日動身回杭

初九日晴　唐鄂帥来晤談崑山來商件又見客二起電沈仲帥借小輪船
訂於二月朔在湘陰等候并發杭州鎮箄兩電
初十日晴　見客二起是日司道公請集兩粵會館余與唐鄂兩帥作
客主人亦止六人而小秋有妻服繩之亦於昨日斷絃故只楚卿
晴濤崑山述唐在座也演永慶部戌正散歸
十一日晴　忌辰無客核保案清單　接潘偉帥初三日信有密致語
十二日晴　午前見客三起申刻楚卿来言得急報本日寅刻富民縣匪徒滋事業
已戕官據城當即派副將張佁模帶兵三百名撫兵楊發貴帶兵
二百名即晚馳往勦辦離省九十里約計明日下午可以趕到晴濤小
秋崑山魏江暨兩中軍先後来見商省城清查事宜燈節伊邇恐有

匪類混迹其間不得不嚴爲之防也變起倉卒一切尚未得其詳分飭

各營連環偵探俟續報至當有分曉 是日早晚均得微雨

十三日晴 岑帥暨司道首府縣先後來商富民軍事戌刻善後局探

回持有該處紳士稟言紳團張紹謹等率團丁千餘人於本日子刻

攻入縣城殺賊十餘人生擒二十五人餘賊圍困其麻境未能脫逃張紹

模於辰刻率隊馳至等語果如所云尚不致有紛紛四竄之患亦不幸中

之大幸也此事岑帥深慮其盤踞富民日久不下余以爲張紹模去力

能了此蓋張本富民人素有鄉望紹謹即其胞弟也今果不出所料

惟據武定州花牧稟報元謀傅令炳墀因公晉省中途遇賊被戕爲之

嘆嘆炎耳 上燈祀先

十四日晴　竟日見客七起大半為富民事張貽模等報到述收復城池
及分兵追賊情形批令跟踪痛勦毋任竄越為患一面飭首府馳赴
富民辦理善後事宜
上元節晴　武廟行香見客二起小秋雨中軍先後來商件法國定界使
臣法蘭亭有函通問由太平歸順道向子箴萬鍾處寄來即復之
十六日陰微雨　昨晚子刻突闻祿勸縣亦於十三日夜被匪闌入當邀馬鎮維騏来
飭令迅速招勇一營名曰綏靖選鋒營馳徃勦辦恐張用宏楊耀庭兩軍不敷
分布也午前警報迭至申刻再接武定州營會禀知已於十五日寅刻綏
就地兵團收復惟縣令李世琛被戕自朝至暮見客七起軍書旁午
未得片刻閒鄧帥書来請調迤南防軍至省恭吴静堂為總統不

知何所見而張皇若此

十七日晴微雨 奠繩之夫人與序鄂兩帥談早晚見客六起富祿兩縣先後克復而省垣議論紛紜張皇未已愚以為嚴密稽查認真防範自不可稍涉大意無謂驚惶殊可不必也遞回臘月十四日○○批摺係冬月十二日由驛拜發也 史念祖賞頭品頂戴李維述交兵部帶領引○○見

十八日晴 過西院商件久坐竟日見客四起富祿之後附近各屬籌辦防堵軍書絡繹隨到隨批幾無停晷接毓兒臘月初三日家信述嘉定事甚詳並駭悉芸史於冬月廿三日作古宦遊二十年最稱莫逆前年由湘赴滇以身弱道遠未能同行仍留之杭宅托以照料一切茲聞噩耗怛悼實深而又家貧乏嗣所遺一妻一妾贍恤之責誼不容辭也又聞克齋病重危之心竊

十九日晴　竟日見客五起　崑山自富民回省　手批護南道劉雨山春霖會同參將尉遲東曉稟辦理安撫耿馬兩猛情形稟一件

二十日晴　小秋来商件　又見客二起　迭接各路稟報富祿之變大致安定矣

二十一日晴　巳刻開印　是日忌辰　拜闕拜印　穿蟒袍補褂升座　穿常服　循省例也　下午崑山来商件

二十二日晴　李信古来謝　奉旨交兵部帶領引見　又見客一班　小秋来商件　粮道松晴濤接電報於本月十六日升授山東臬司来謝　武定解到賊首李增、黃子輔、王正榜三名　交雲南府澈底訊究

二十三日晴　小秋来商件　又見客二起　手擬富祿兩縣被匪滋擾即日收復

奏稿情節繁冗大費搆思幾窮竟日之力

二十四日晴 崑山来商件又見客四起收拾昨擬疏稿並改定夬片兩件一華仲擬一慶楨擬也接若笙十二月信論瞿蓉軒住房找價事

二十五日晴 開印後堂期第一日見文職三班留司道商訂摺稿午後唐師来商善後事宜並定二十七日拜摺接杏蓀十月初八信

二十六日晴 小秋崑山来商件又見客二起各路函報諸臻敉定

二十七日晴 楚雄守裘訓臣祖詒到省来見拜發富祿兩縣城被匪圍入即日收復分别奬卹摺〇元謀縣傅炳墀請卹片〇祿勸縣武紳游擊王釗請革審片

二十八日晴 小秋崑山来商件又見客兩起接鎔孫初九日安稟 鎮篁 合肥發

相國書来詞旨殷拳逾量可愧由驛遞回正月初二日8批摺係十
二月初四日四百里拜發也
二九日晴小秋来商件又見客四起派記名總兵趙發赴路南州查案
二月朔日晴 文廟行香崑山来商件又見客三起繩之銷假
初二日陰下午微雨 孟華書院送學即開課向分兩日歸併較便見客二起
初三日陰微雨 文廟春祭寅初恭詣初獻後雨甚改在殿门外行禮回
接鎔孫鎮篁来電言二十二日進行計日間可抵常德矣
署天未明也是日文昌廟誕祭序帥主之小秋崑山先後来商
件又見客一起下午小憩
初四日晴 社稷壇春祭出大西门往北里許 小秋来商件又見客二起是日序帥

分祭〇〇神祇壇

初五日晴 下午微雨 小秋来商件又見客二起接鎔孫電廿四安抵長谿換船着飛千作舫仙信

初六日陰 繩〻小秋先後来商件又見客二起見繩〻俞〻齋詩文集古文固卓然成家詩筆亦饒有生趣初不知其所造至此也佩〻

初七日晴 崑山来商件又見客二起李肅毅来咨以各省捐解直隸賑款奏請獎勵上年十二月二十四日奉〇旨裕祿等均著交部從優議叙滇省督撫與焉

初八日晴 小秋来商件又見客一起接黃植庭王朗青来書均言青谿鐵廠事

初九午前晴後陰 周小蓉太守自普洱到省来見 至撫署商件 久坐 撤張楊

兩軍回省

初十日晴 龍神廟春祭 小秋来商件 又見客三起

十一日晴 楚卿崑山来商鎮邊防營滋事一案 又見客三起 接忠甫松泉十

月上浣信 招弁帶歸 松泉貧而兼病 心切系之

十二日晴 孱帥生日 祝之 小秋蘭生先後来商件 又見客三起

十三日晴 武廟春祭 小秋崑山来商件 張繼模撤兵回省来見 代崑山復劉

兩山信論防營滋事一案辦法

十四日陰 述唐来商件 又見客三起 接鎔孫電言初二日安抵常

德初四日開行 計期當可抵漢矣

十五日陰 先光祿諱日忽忽三十三年矣是日武廟行香委鹽道代下午小秋來商件便衣見之 接 鎔孫安報二十六日辰州發

十六日晴 繩之崑山先後來商件又見客四起張紹模楊發貴先後撤兵回省楊約束不嚴撤去管帶以副將尹光祥代之手復植庭朗青書

十七日晴 小秋崑山先後來商件又見客五起午刻由驛三百里拜發四摺四片○韓亮先等請補游擊各缺摺○游擊朱明新迴避對調摺○守備李永清迴避對調摺○游擊周忠淩因案革審摺○滇綫經費請飭北洋作正報銷片○龔啟藩左肇南留滇差委片○顏先春請照原保給獎片○羅光耀等更正保案片

十八日晴 小秋來商件又見客兩班見 京察記名單蔚庭仍不得與

何蹭蹬乃爾為之喟然

十九日晴 文昌廟春祭見客一起由驛遞回正月十九日〇〇批摺上年十二月十八日拜發

二十日晴 小秋崑山先後來商件又見客二起接 鎔孫安報初二日常德發正盼到漢電音閱來稟知長沙男女各僕均須請假回家一耽故行程稍滯也

二十一日晴 午前見客一起作嘯仙載春信一則托送書分七件處一則劃撥銀二百兩以備前項之用接 鎔孫昨日來電知已行抵漢皋定於二十三日乘江裕輪船南下連日懸系至此大慰

二十二日晴 繩之小秋先後來商件又見客五起 奎兒點種牛痘

二十三日晴 经正書院開課送學因工程尚未告成暫借三迤會館舉行山長為貴筑黃子衡（癸酉孝廉）先生詩聘監院則大理府教授石屏許麟篆印芳也奠維西協楊建瑛太夫人建瑛為松桃楊侯芳之孫回署見客乙起

二十四日晴 武職開課赴西箭道閱看副参游都馬步箭鎗委中軍看回署見客一起繩之小秋来商件由驛遞回正月二十四日8批摺内密片一件奉8旨留中係上年十二月二十六日拜發

二十五日晴 武課第二日北校場看鎗靶午正進城

二十六日晴 小秋来商件又見客二起

二十七日晴 文職月課共八十九人竟日無客

二十八日晴 小秋述唐先後来商件又見客四起述接閱電抄富祿滋事

一摺於二十三日奉到明發○○上諭有辦理尚為迅速字樣

二十九日陰　祭先農壇（序師感冒未到）行耕耤禮松晴（濤）奉到廿授山東臬司行知來謝

又見客二起本日天氣甚冷為嚴冬所未有早間大風微見雪子下

午稍覺感寒晚間得汗即愈

三十日陰　司道同見因提訊王釗通賊案商量辦法也臬司感冒未

至閱電抄陶子方模升新疆撫張竹晨岳年調陝藩沈梅孫升

甘藩皆浙籍　湘臬放孫贊航揖同學少年蹭蹬亦已久矣

三月初一日晴　文廟行香回署見客五起小秋來商件

初二日晴　早起見客一起訪序師商件久談渠感冒尚未愈也

初三日晴　小秋妻署糧道來謝繩之崑山先後來商件又見客三起

初四日晴 楚卿銷假呈遞王釗案畧與衆論頗有異同須詳加酌核也

又見客罷接鎔孫安電知於二月廿六日抵滬昨日動身回杭慰慰

初五日晴 堂期見客文職三班午後又見客二起奉到頒賜經正書院匾額一方文曰滇池植秀係上年十二月二十七日偕廖師連銜奏請也宸翰輝煌士林增色與吾浙之詁經精舍粵東之學海堂後先媲美矣

初六日晴 小秋崑山來商件兩中軍請示春操日期定於二十一日舉行總兵趙發路南州陳先溶馳報拿獲壇匪首逆田開智即潘穗榮桂及路南匪首尹開周萬尊先等此次富祿之變實以田開智捏造天書煽惑遠近為罪魁禍首敢附會圖讖居之不疑

被其愚弄者貢監生員亦復不少亦人妖也今既獲案則根株已拔
地方隱患從此瓦解冰消矣當飭副將張紹模派兵六十名馳往迎提
解省審辦惟來報輒用紅旗馳遞邊疆習慣亦殊可笑人耳此
次趙幾甚傲臉陳春泉亦煞費經營春泉本文案好手而稟內沿
已獲各賊之供指回開智為偽真主則未免失於檢點矣

初七日晴 蘭生來商件又見客二起 楚卿生日祝之

初八日晴 小秋來商件又見客二起 序卿患恙未能晤談以王釗案屬
函商之

初九日晴 崑山來商件又見客二起接 鎔孫電已於初五日平安到家
慰之 户部幾來 楨兒加三品銜執照一紙

初十日晴 堂期見客武職兩班文職一班會札司道提王釗姚佁璒質
審姚署篠勸典史曾稟王釗通賊而王釗又供姚典史開城也
十一日晴 繩之小秋先後來商件 前署貴州咸寧州鄧牧 良成 考余看
相謂此後仍須做京官謔之以覘驗否
十二日晴 奠李仙舟大令 世琛 忠節可敬以丹心不泯四字挽之 賻百金 歸途至粮署晤 道喜
濤小秋來日接部也見客三起 廣西營 彭澤譽 惠俊以追逐吏匪盧以松深入被困檄趙
發星馳援之 接若篁電言衢州德和吳瑞翁故定陳與九接手
十三日晴 小秋崑山先後來商件又見客三起提解壇匪田開智即潘榮桂 曲靖廩生
路南貢生 尹開周 路南廩生 尹建周等到省即發交首府監禁歸案審辦 是日辰刻
拜發○○萬壽賀本賀摺午刻由驛三百里拜發月摺 計四摺 三片 北勝土

州同改流請添設經歷營汛摺。請以即用知縣石香圃補寶寧令摺。

請補都守各缺摺。請卹陣亡陣故員弁摺。應行引見之都守請分赴給咨片。劉肇謨等請改奬片。候補同知四川彭縣知縣羅雲碧請改奬片

十四日晴　繩之崑山述唐先後來商件，又見客一起。接鎔孫二月廿日安報，漢口發

十五日晴　武廟行香歸途問序帥病，月初感冒牽動咳嗆現尚未痊。見客也。燈下縷復蔡軍門信。接總署文電言河口禁渡魏黨解瓊兩事

十六日晴　小秋來商件，又見客四起。發兩廣筱帥及世家自閩道電，分別查議，以便轉復總署

十七日晴　松晴濤謝公送夫馬費，舒仰齋之翹調署普洱府，先後

進見中軍回事午初澄外暨黃貴等到湞述知喜事一切並家
中情形深慰系念並知鎔孫童心已化漸近成人尤為可喜
十八日晴 鄂帥來商件小秋崑山先後來述連日會審王釗姚紹瓊案情又
見客一起 采三回籍 午刻接子涵電報言松泉於十七日未刻病故身後蕭
然聞之可勝駭歎雲屏伉儷一生忠厚而其後如此謂之何哉即日復電
請其妥為料理並速籌歸計 允即匯款寄京 松泉有母在堂不可無以
慰之也
十九日晴 繩之 楚卿先後來論王釗案 又見客二起 植庭電索賀本即日
專差寄與之 致朗青書言咸寧李牧事 昨鄂帥所屬也
二十日晴 小秋來商件 又見客二起 手擬示稿一件 嚴禁私販洋軍火

二十一日晴 辰初赴西箭道閱看春操循照向章免操大陣本日看綠營都守以上防營候補副參將以上馬步箭午正回署餘循例委兩中軍閱看 序帥感冒新愈禁風未到 若笙電詢與九事當即電復之

二十二日晴 周小蓉赴嚴家桔釐局馬健侯晉錡卸元江州充善後局提調先後來見又見客一班 兩中軍稟報各項馬步箭看畢 奎兜點種牛痘平安告成今日滿月循例謝痘痘神並祀先

二十三日晴 北教場看鎗午正進城由驛遞回富祿被擾一摺二片奉到 ○○ 上諭一道遵即恭錄咨行 滙款寄子涵屬料理松泉家事

二十四日晴 唐子蕃當屺山先後來見又見客二起

二十五日晴 堂期見客文職兩班 復徐署文電 廣西營彭游擊勇往有

餘未諳事體派弁馳持令申儆之恐其激成衅禍也昨夜痔瘡又發

今日漸平

二十六日晴 巳刻詣樞署秋審過堂共十起十二名五實七緩 堂事畢借序帥商件亦

未敢久坐以渠患恙新愈氣分尚弱也下午餞松晴濤約唐子蕃舒仰齋

曾魏江陪

二十七日晴 小秋崑山來商件 晴濤辭行迎揆北上鄧牧良成號循卿辭回咸寗

勸令留鬚並爲擇六月初旬午時吉命相不盡可信然年逾六十欲

留下頦亦其時矣 孜忠甫信由百川通寄滙還墊款○長媳四十生辰酌延署戚友

二十八日微雨 送松晴濤行 見客兩起 楊林紳士拿獲黃子瑩即黃二布

客解省富禄案內首逆也得此則此案大有歸束矣接鎔孫昨日

安電言伊廿四旬生日在海潮寺禮懺三天

二十九日陰 小秋崑山先後來商件中軍回事又見客二起接總理衙門

勘電仍言魏黨事

四月朔日晴 文廟行香接若笙正月十一信（省文報局遞延誤到遲）於壽萱宅務隨處維持煞費心力

渠正杜門養疴而獨於我家事視如己事一官萬里貽累之良朋矣感歎

之懷其何能已復總署並致李筱帥電箴卿書來附芸史遺書一紙字

跡橫斜情詞悽惻幾於不堪卒讀慘何如之景萊岳仲科試列前之名

桐侯有子此其發軔也此又人事之可喜者

初二日晴 午前見客三起午後赴善後局商辦事件

初三日晴 小秋崑山先後來商件又見客二起接筱帥復電允安棟魏黨

事閱電抄劉省三告病開缺邵小村放台灣撫夜微雨

初四日陰微雨 小秋來商件又見客二起據筱帥電以復總署

初五日晴 堂期見客文職三班手擬奏請將留李必昌吕沅吴本義留滇補用摺稿

初六日晴 崑山來商件兩中軍回事又見客二起拿獲壇匪張蓋即張純解省嵩明邑市巴人亦附貢也此次富祿之變黃子榮為首而其實為壇匪所愚壇匪則推田開智為主而張蓋實搆亂之尤三匪皆前懸賞五百兩今悉就擒此案從此辦竣矣

初七日晴 首府縣城守營同見因懲辦逆案請示一切計田開智即潘榮桂黃子榮即黃二布客張蓋即張純尹建周尹開周華炳文萬

尊先黄子富即黄大布客李懵即李三布客等共十三人同日正法
梟示田聞智黄子榮未予凌遲猶從寬典也〻十三人者莫非蒼赤亦
閭閻列膠庠哀矜勿喜思〻惻然出門奠元謀令傅紫卿炳墀賻
亦百金挽額曰志節凜然
初八日午前晴午後微雨 小秋崑山先後來商件又見客兩起戶部主事倪和宣惟誠
來見翰卿主講〻哲嗣也年二十七亭〻玉立秀挺非凡同胞三人兩登甲榜
一列賢書倪氏本昆明世族子弟若此固知其流澤孔長也相對〻餘曷勝
歆羨
初九日晴繩〻來商件吳靜堂由鶴慶州因公到省又見客二起李蘭生昌
小山同見 接二月廿四日家信附子韶裕亭各函屯溪湖墅兩局已認虧文劃矣

初十日晴 堂期見客武職兩班文職兩班手擬奏稿一件為鄭倅良成懇恩錄用據礦務大臣唐鄂帥来咨辦理 接騰越電報姚子良文棟隨節泰西回華將由緬甸新街紆道見訪不遠萬里情誼殷拳可感

十一日晴下午雨 早起見客一班一起出門道小秋移署喜并答靜堂均少坐經正書院山長黃子衡孝廉因病辭館送之順道答客 下午偶之小秋来商件久談

十二日晴 小秋商件中軍回事又見客一起復劉毅廷書名思訓武慎公哲嗣現以知府分發廣東

十三日晴 中軍回事又見客一起作李中堂李筱帥劉仲帥年節加单各一件

十四日晴 靜堂楚卿小秋先後来商件又見客三起接蔚庭正月二十日書附各處年節回信筱雲信內論及銅務屬致鄂帥即以原信送閱

十五日晴　武廟行香竟日無客由驛遞回三月十五日○批摺係二月十六日拜發

十六日晴　小秋崑山商件中軍回事又見客三班夜子初三刻護月拜發

拜三摺六片三百里接修剎隘騰越電線造冊報銷摺○和波朋銀請立案片○游擊薛占魁請免騎射片○李必昌冒沆吳本義請留滇補用摺○參將馬秉雲請改獎片○游擊戚振鈞請留滇差委片○鄧良成辦礦得力請棄瑕錄用摺○游擊李宗舜請以都守降補片○邱國興趙增萬楊春華均請革審片

十七日晴　首縣回事閱邸抄知忠甫已於二月間升補閣讀學

十八日晴　繩之小秋先後來商件又見客兩班早起奎兒腹瀉壯熱下午忽作痙厥得嚏始解延醫診之言肝熱上沖防發疹子夜仍頓笑如常

十九日晴　崑山商件中軍回事又見客五起　奎兜執已退淨惟腹瀉未止
仍服陳蘭卿方　拔沙壺酋祿汶茫拿獲解省發府審辦
二十日晴　堂期見客武職兩班文職一班料理節信遠處已稍遲矣
二十一日晴　小秋崑山商件又見客兩班接杭州本日安電閱電抄譚文卿
制軍奉旨到京以尚書銜補吏部左侍郎
二十二日陰雨　徽吳靜堂來談又見客二起　覆校經正書院課卷第二名雲南府
學廩生李坤有高嶢〔碧〕謁楊莊介公祠感賦七古一首　莊介名慎號升庵
明嘉靖時以議禮忤旨廷杖謫滇其後半首云孤臣從此老南鄙青
草湖上岡巒起祠宇數間環葭葦手酌寒泉薦蘭芷告公近事
公應喜異代聖人納公議本生考已尊醇邸真才人之筆也

二十三日午前雨後霽 小秋崑山商件又見客一班奎兒大愈一切如常矣

二十四日陰 新授鹽道普達泉津到省來見即飭赴任繩繩來商件又見客二起作右銘舫仙仰蘧菱舫小赤穉初節信加單六件

二十五日晴 昨偶感寒兼有積滯微覺不舒謝客一日本定今明月課武職即請楚卿小秋代閱 作穀士相山節信加單

二十六日陰雨 仍避風謝客作德靜山黃讓卿加單

二十七日上午晴下午雨 調覆經正書院前列舉貢生監陳庚明等十三名照章應挑送高才生也新任學政河南高勉之太史釗中抵省有上書房差使照章應請8聖安未正出城候至酉初始至行禮不相見如儀回署後與子台即先植拜略叙寒暄辭以宜少休息蓋渠尚未進署也

二十八日晴　小秋崑山魏江先後来商件午後至學署（勉之學使接篆前往）道喜序帥踵至
談有頃拜許茆山教授　印芳本充經正書院監院以黃子衡山長
假歸病殁露益遂改聘掌教禮之所在不可以屬吏而忽之也
二十九日晴　見客二起前日小有不適至此大愈
三十日霽　見客一起夜得透雨
五月朔日（午前霽，下午雨後）　見客二起林杏農禧寄到杭州帶来物件尚無損失渠
運解械器尚在河口此尚係上年八月由杭托帶也
初二日陰雨　繩之述唐先後来商件又見客一起
初三日陰雨　小秋崑山先後来商件静堂来久談又見客二起接三月十四日
鎔（容）孫安稟知若笙患恙甚劇系念良深本日發平安電報詢之

初四日霽　小秋逹泉委充文闈提調監試同見又見客二起手復大孫女書並荅翁惠夫孫倩附小山賀節信排遞昨見電抄雲南正考官戴鴻慈廣東人曾任雲南學政　副王嘉善安徽人吏部員外郎　貴州正考官丁仁長副勞肇光均廣東人勞係香舲之子

端午節晴　寅僚賜賀見照例擋駕已正出門拜客周歷四城四刻酉畢晚酌在署戚友　接蔚庭正月初九信寄蘑菇杏仁高勉之學使帶来

初六日晴　崑山来商件馬介堂維騏自武定營次晉省稟商防營務又見客四起　新設經正書院額定高材生二十四名每名月給膏火銀六兩覆試後開課挑取陳庚明李坤錢用中朱廷鈴庭珍陳畢明趙荃曹慶恩劉鎮藩等八名住院肄業　閱電抄黎庶昌放川東道

初七日晴　見客二起　前知苕堂又病當於初四日專電桂詢本日接初五復電

知業已痊愈惟瘦飲時發耳馳系〻私藉以少慰此電係〻慮功也

初八日陰雨小秋來商件兩中軍回事又見客二起滇中天氣陰雨便涼本日穿棉袍棉馬褂棉套褲尚不覺暖也

初九日霽 繩〻崑山先後來商件蘭生小山商剿騰保案 均奉部駁擬請覆奏也

初十日晴 楚卿小秋繩崑山先後來商件又見客一起遞回四月十一日8批摺係三月十三日由驛拜發也

十一日晴 小秋崑山來商件兩中軍回事又見客三起

十二日晴 小秋來商件又見客三起手擬營員受賄聽什攻破土寨幾致激成邊衅請8旨從重懲辦疏稿（計八開半）情節甚繁敘次不易頗費搆思也

十三日晴 武廟誕祭卯初回署小憩繩〻來商件久談

十四日微雨 小秋来商件韓鏡夫因公晋省来見又見客二起接總署四月

二十日公函问阿墩子教案

十五日晴 武廟行香小秋来商件阅電抄李和放廣東正考官子玖

放福建正考官手復蔡提台書論大理金星洞河應築石堤事

十六日陰雨 中軍回事又見客一班料理應發摺件

十七日陰雨 小秋商件拜發二摺五片三百里○請以雲南府陳燦升補迤南

道摺○遊擊楊飛謀欠繳銅本請飭追送部片○遊擊許聲亮留

滇差委片○福必等改獎片○營員受賄聽糾戕殴斃成邊鮮

請從重懲辦摺○查辦富祿匪徒究竣片○拿獲黨首祿汶

若正法片 夜大雷雨得此渥澤高原下隰一律霑足矣

十八日午前陰徵霖 曾魏江樹棠 陳甄甫守淑 接卸昆明縣篆同見政崧振帥

書言許孫蘇三事作若笙信

十九日雨 崑山商件又見客二起下午酌吳靜堂鎮軍永安邀王心齋熾

萬伊屏徵衡兩紳陪席間叙談甚暢

二十日雨 堂期見客武職兩班文職一班 作若笙信敘事十八日動筆至此始續成既繁作輟亦多也

二十一日陰 序帥贅婿賀々繩々來商件又見客一起保甲局紳士 作子社信

二十二日晴 序帥來久談蓋因病不出门已三月矣小秋來商件又見

客兩班作家信付鈺孫久不能作親筆書言々殊瑣々也

二十三日陰雨 中軍回事又見客兩起接桃志樑自太和來信論張成濂張天明兩人

二十四日陰 武職月課西箭道看馬步箭馬道泥濘多看步箭一枝

下午小睡甚酣

二十五日陰雨夜 北教場看鎗靶考校楚雄協把總外委兩缺歸途過陳甄甫接眷家

喜下午小秋來商件鏡夫辭回曲靖亥刻奉到四月二十五日○○寄諭一道戶部籌餉由外辦者四條一南北洋暨各省所有購辦船炮機器等項暫停二年一各省裁勇一成以一年為限節餉解部一鹽務捐輸一土藥稅解部不准挪用

二十六日霽 午前見客三起午後訪序帥久談因渠小病淹纏不登堂者將三月矣

二十七日陰雨 僶僶小秋來商件又見客二起下午酌羅星垣座常瑞圖倪翰卿太守藩許節山教授印芳三山長邀高君武慧光陪戊正席散姚志樑文棟黃伯申孜堯奉出使英法大臣薛叔雲奏委查勘滇緬邊界以備分界之用

本日由滕越抵省公牘除外叔雲另有信 本日伯申先到

二十八日晴 志棵来晤十年〻别相見甚愜此来為預籌填価分界起見

姊雲先有函稿上陳請飭此間籌辦抄稿交志棵携去想總署核議故尚未見發

出並其思深慮遠議論透闢誠無以易其説也此事自當極力圖之又

見客二起 核定剰滕電工保案請仍照異常勞績給奬奏稿

二十九日晴 絶〻 小秋回来商件又見客三起 閲電抄潘偉如中丞告病

開缺黔撫放崧錫侯蕃之弟同時開府湘鄉合肥〻外所僅見也

六月朔日晴 文廟行香竟日無客下午小憩甚酣

初二日午前雨午後陰 小秋崑山先後来商件中軍回事又見客一起午後答志棵伯申

略談

初三日陰雨 静堂来久談又見客二起料理應發摺件志棵代遞陳還陳王家賓傑
陳々件論滇緬邊情甚悉記名總兵張紹模為其母求匾額以松筠鶴
壽四字給々蓋守節三十餘年三子均以功名顯今年六旬誕辰也
初四日雨 小秋崑山来商件又見客一起拜發月摺三百里請以孟蔭桂
補鎮雄州摺○剥騰電工出力人員請仍照原保給獎摺○張鳳鳴
潘永勝請補楚雄維西副將摺○張楳請調補東川參將莫矜智
仍請補臨安鎮中營游擊摺、黃伯申移楫署中
初五日大晴 堂期見客文職三班接杏蓀電向蘇典核奪事即復々又
接杭電知釆三帶件已到家中平安可慰亦即以平安報々閣電抄
龔照瑗外蜀並潘彤身放黃毓恩 志棵来談

初六日時晴時雨 楚卿小秋崑山来商件又見客兩起下午酌志樑伯申内蘭生小山

魏江陪

初七日大晴 管帶綏靖中營記名總兵張用宏紹模之尊慈六旬正壽親往視之

午刻留領下屬文武寅僚多有枉賀者官場舉動殊可笑人也

初八日大雨 小秋崑山来商件中軍回事核定北勝鎮康猛喇三案彙保

清单並手擬附片一件 請獎管理局務司道 又一件 保馬維騏

初九日晴 午前見客二起午後出门候高勉之學使新到水歸途訪唐鄂生未晤

帥均晤談 核定保奨開復人員附片一件

初十日晴 堂期見客武職二班文職一班小秋来商件核定北勝等保案

正摺

十一日晴 小秋来商件 鹽道普達泉銷假見 接杏蓀電言此次拔本均歸濟大算已飭公帳房照辦矣 接薛妹雲倫敦来電 問滇緬界務

十二日晴 見客三起 與志梁談邊務 電致仲山 問妹雲滇緬界務摺是否交議曾否議覆

十三日大晴 楚卿小秋先後来商件 中軍回事 又見客二起 接四月廿四日平安杭信 甘卿索天生磺巨勝子

十四日大晴 見客兩起 電致蔚庭購安摺六套白摺宣封各二十箇 交天順祥速寄 以存摺無多 續購未到 亟需接濟也 遞回五月十四日批摺 係四月十六日拜發

十五日午前晴下午雨 武廟行香 小秋邕山来商件 又見客二起 改定土族構亂安插設事請將在事員弁土職給予獎叙摺稿原本係森兒起草 删繁增畧 亦尚可用得

十六日晴　傍晚雨　静堂来晤，又見客三起。手擬鎮邊文武會同勘界突被叛夷擄截參將傷亡現籌勦辦情形摺，摺稿情節亦多斟酌，竟日之力。

十七日晴雨間　小秋、崑山先後来商件，又見客一起。檢點應發摺件。

十八日陰　文職月課，見客兩起（序帥過談）。署安徽太平府史蓮姊太守繩之之胞兄也，病殁於任，滇中今日設祭，親往奠之。復薛叔耘京卿電，遞倫敦使署。

十九日晴　午後微雨　小秋、崑山先後来商件（又見客二起），核定請將直隸候補知府姚文棟留滇差委片稿（莘仲起草）。昨日節交中伏，五藩署行禮，穿夾袍棉褂，陰雨使涼也。

二十日陰　静堂辭回鶴麗中軍回事。曾魏江辭赴新興州任，又見客一班。昨接總署復電，薛使界務摺已寄洛飭查矣。

二十一日晴　序帥来商會奏事件，小秋来晤，又見客四起（一文三武）。午後送静堂

行晤談有頃手擬片稿一件撥引8恩詒保馬星五駟良

二十二日晴雨间 崑山甄甫先後来商件又見客二起接五月初十四日平安家

信志檁移榻署中

二十三日晴雨间 小秋来商件馬介堂維騏辭赴武定營次又見客二起拜

發正摺四件夾片五件由驛四百里 猓黑叛夷滋事參將傷亡現籌剿

辦情形摺○土族構亂安撫竣事請將夷酋土職分别獎敘摺○

崔廷櫟請補廣西營游擊摺○降調浙江候補道馬駟良請8

飭部調取引8見片○差滿出洋隨員姚文棟請留滇差遣片○

遵保北勝鎮康猛喇二案出力人員摺○附保管局司道片○謝景

春等請開復原官及免繳捐復銀兩片○總兵馬維騏請存記録用片

二十四日晴 見客二起 閱電抄沈叔眉源深升兵右

二十五日晴 小秋来商件 駱仰山太史景宙来拜 廣西容縣人 又見客三起 一日花

二十六日陰雨 寅初二刻恭詣五華山8萬壽亭行慶賀禮 卯正回署 小憩 閱電抄忠甫[時官閣讀學]放江南正考官 李木齋副之 劉樹[堂]調浙藩 潘駿文升閩藩 張樹梅[汝]升晉臬

二十七日晴 達泉述唐崑山先後来[商]件 又見客二起

二十八日晴 小秋崑山来商件 又見客一起 作蔡近[安]書 論河口商情

二十九日陰 小秋来商件 又見客二起

三十日晴 述唐来商件 又見客二起 近閱申報蕪湖教堂滋事 丹陽武穴繼之 甚至江寧上海九江亦謠言四起[長江上下] 處處戒嚴 此時事之大可慮者

七月朔日晴　文廟行香　小秋來商件　又見客二起　臨元何鎮蒙自姚令均電報署臨安開廣道開化府蔡近安信義因病出缺　哭如其來想係猝中也　夜大雷雨

初二日霽　繩之銷假　楚卿小秋崑山先後來晤　又見客二起　接五月二十二日平安家信　會委翁述唐壽籛署臨安開廣道　元來拜　氣宇甚清（開州廩常李篔孫立）

初三日陰　繩之五旬正誕　祝之　述唐謝委　又見客二起　燈下作蔚庭信

初四日陰雨　唐子番觀察啟蔭委總辦釐金局　來謝　又見客三起　寄蔚庭伯葵肉桂各一對　茯苓各二枚　又蔚索巨勝子二觔　夜大雨

初五日晴　堂期　見客文職三班　作賀節加單信四件（劉仲良　沈仲復　卞頌臣　崧振青）

初六日晴　小秋述唐因見　又見客一起　午刻詣撫署商件　久坐　夜陣雨

初七日霽 見客一起 奉到六月初六日8寄諭一道通飭查拿哥老會匪如訪獲著名匪首准以異常勞績優奨

初八日晴 至撫署提審王釗姚紹瓊案司道首府均在座 因兩司意見議論各有不同故親加勘問以便秉公定議也未正入座酉正始畢尚不覺累

初九日晴 見客一起 檢點應發摺件

初十日陰微雨 小秋崑山來商件 又見客三起 拜發正摺三件 夾片兩件 三百里

○尹元亮升補鎮沅直隸同知摺○請仍以韓亮補授游擊並楊祖德請補守備摺○張應聘等請補守備摺○翁壽錢委署臨安開廣道片○金樹績回籍補制片

十一日陰 下午微雨 小秋來商件 又見客兩起 未刻赴兩粵會館公請高勉之學

使主七人余與序師楚卿小秋述唐子蕃崑山也（鄭師感冒繩之期服均未到）

演泰洪班尚可看得戌正席散接沈絜齋到任後來信（河陝汝道）

十二日晴 述唐辭赴開廣道署任又見客三起憁署咨到議覆出使英法薛

大臣一摺令此間派員查看滇緬界務 上燈後率（兒孫）恭接祖先

十三日晴 勉之與使来晤繩之商件又見客二起午刻祀先（酌定）鎔孫

課程單交澄卅寄杭

十四日晴（夜雨）小秋来商件又見客二起酌定提審李劉姚紹瓚案楊片稿（撫幕）原擬

十五日晴 武廟行香約崑山来商件又見客一起（午刻祀先培）巡捕尹炤謹以時擎引

8見回省貴到去臘蒙8賜福字一方奶餅果乾各一匣接蔚庭五信（四月廿）

十六日晴（夜大雷雨）小秋崑山先後来商件金庶熙謝咨回籍補制又見客四起教習分

發知縣陳丙森嚴州人乃翁臨安教諭陳穀来時夏辛亥同年也

十七日陰微雨 忌辰無客午刻祀先作李中堂秋節加單

十八日陰 微有感冒謝客一日遞回六月九日○○批摺係五月十七日拜發（鮑虎摺有明發）

十九日霽 畏寒漸愈感冒未清仍謝客作劉雨山護道信論勘界事宜

二十日晴 小秋来商件感冒漸清精神尚乏他客仍未見也

二十一日晴 小秋崑山来商件又見客一班山東藩司電報張朗帥於本月十八日因病出缺時方○○嚮用天不假年可惜也

二十二日晴 感冒已愈一切如常奉兵（吏）部来文奏准請奬之案（光緒十七年五月二十六日奏案）以一年為限一年以外不准再請又院署来文飭查各屬教堂其屬共有幾處按年冊報

二十三日午前霽後雨 西箭道看副參將馬步箭子蕃来商件

二十四日晴 午後陣雨 見客兩起 北教場看月課鎗靶 請楚卿代 以城外風大 感冒初愈 故慎之也 致沈仲帥書 抄寄沈保恒請卹奏稿 昨甫電 詢此事

二十五日晴 夜微雨 忌辰 無客 養息一日

二十六日晴 崑山来商件 又見客四起 巳初至未初方畢 尚不覺累 手致鎮筸大孫女信 附節信發

二十七日陰 微雨 小秋、蘭生来商件 又見客一起 閱邸電抄 山東巡撫福潤補授

二十八日晴 序帥来商件久談 又見客四起

二十九日晴 繩之、達泉、崑山先後来商件 又見客三起 戶部候補主事彭慕顔祖壽自徽江到省来見 晴甫澤春之子也 閱電抄 湯幼菴升山東藩司

八月朔日晴 文廟行香 子蕃商件 又見客一起 午後三營將官同見 全官十歲

生辰祀先

初二日晴 小秋来商件又見客一起午後訪序帥商應發摺件便道答客主考戴少懷太史鴻慈 王向山銓部嘉善 到省差帖往還例不見面

初三日晴 見客三起見學政全單瞿子玖四川張子虞湖南徐花農廣東盛炳偉江西浙江得三人頗不寂寞惟蔚庭伯葵未免向隅耳

初四日晴 見客兩起午後會同序帥暨勉之學使閱視貢院氣局緊湊布置整齊頗稱如法較之湘闈有過無不及也散後至學署與勉翁談知其封翁於道光己亥庚子間曾任浙江永嘉縣隨任所經於西湖至今耿耿云

初五日午前雨後霽 小秋崑山先後来商件又見客二起午後序帥来晤明日将入簾監臨也接杭州六月十四日安報又大孫女六月初三信家常瑣屑閱之煩甚

初六日晴　午刻詣撫署送監臨主考入簾謝8是筵宴如儀是日8文廟秋祭

寅正行禮卯初禮成

初七日晴　社稷壇春（秋）祭　森兒生日祀先　夜雨

初八日晴　拜發長至賀本見客二起文闈頭場共三千五（七）百餘人辰正開點

申正封門較〻湘省簡捷多矣接仲良電駭悉寶佩蘅師相於本月

初四日薨逝回首前游追隨農部者十年同直樞垣者五載戊子夏入都

展覲杖履依然彈指三年驚心千古追維舊誼為〻黯然

初九日晴　崑山來談又見客一起復崧錫帥漢江行次書即賀任禧

初十日晴　午前見客三起頭場放牌四書題閔子騫曰仍舊貫兩節尊

賢也親〻也相泰兩題其君兩句詩題樵路細侵雲得雲字

十一日陰 忌辰無客 手擬沙夷滋事擒獲首匪盧以松辦理完竣奏稿

十二日晴 繩之來商件 又見客三起 接杭電爲鎮篁事即復之

十三日晴 夜微雨 龍神祠春（秋）祭 改正馬賡恩請開復處分片稿 雲峰之子四川試用道以微丘逾限革職

十四日晴 武廟秋祭 接江督寄電 轉傳十一日〇諭旨 通飭嚴防民教滋

事 詞意嚴切 即日飭局通行 並令各屬有教堂者先將何年建立 共有幾處

是否相安 現在如何遵辦情形 限文到五日內徑行稟報 其無教堂者亦限三日內

徑稟查核 仍會房帥銜 收恰紳士爲馬雲峰請卹公呈 擬隨摺咨送軍機處備查

中秋節陰 武廟行香後 四城拜客 亦循例也 手擬爲馬雲峰請卹摺 經營數

日 今始脫稿 用意措詞難得恰好 此稿頗覺愜意 接鎔孫七月初四日安報

十六日晴 蘭生 小山同見 拜發正摺三件 〇謝〇賞福字摺 〇劉春霖

請補開化府摺○馬治堂等請補游都守各缺摺○遞回七月二十一日○○批摺係六月二十三日拜發內猓黑叛夷滋事摺奉有○○寄諭一道土族搆亂安撫殄事摺有明發

十七日晴 繩之來商件又見客二起 手復廣西馬玉山中丞書向部議附寄制減勇事 服成誦編一冊

十八日晴 楚卿崑山先後來商件又見客二起 手致護南道劉雨山書論界務並問歸期 杏孫來電言峴帥侯回電兩復之

十九日晴 見客三起 昨植帥來電言下江苗匪滋事務須用兵今早即復之

二十日晴 見客四起 午後出門拜客 伍藩臬鹽三署各少坐

二十一日晴 序師出闈未進署先拜客精神氣色勝於未入闈時可喜也

晤談有頃即促之歸又見客一起檢點應發摺件

二十二日晴　見客三起午後候　厚帥談順道拜客在府署少坐與崑山昆仲談乃弟衡山名棨專務實學樸茂可敬　拜發是日巳刻正摺四件夾片五件○審明已革游擊王釗供情請　飭刑部議罪摺○已革典史姚貽瓚請永不敘用片○沙夷盧以松糾衆滋事擒獲訊明懲辦摺○任連捷等分別改獎片○已革把總趙增萬審明開復片○開缺提督馬如龍傷發病故謹據公呈籲求　恩卹摺○請開復馬廣惠處分片○邊防陣亡傷故員弁彙案請卹摺○徐登瀛陳松煒故請卹片

二十三日晴　見客二起接鎔孫七月十三日安報包鴻卿名家吉信來駐滬文報委員知

近因教案英法美三國又將藉詞構衅可惡亦可慮也
二十四日晴 武職月課西箭道看馬步箭歸途拜鄭卭羅山〃長均
晤談下午俺〃来商件久坐又見客一起與子樑論邊務
二十五日陰 北教場看鎗靶行衙報来秋冬間英人大有蠢動〃之勢雷知
騰越鎮廳預將野人山收歸以資防衛
二十六日晴 崑山来商件又見客一起會垣三迤新建會館落成索題楹聯先
令經正書院高材生陳畢明張舜鏞等各擬一稿復偕崑山茚山
擇其尤者往復删潤〃其辭曰鬱〃蔥〃佳氣萃真蘭看東走金沙西蟠雪嶺南
去瀾滄名山大川炳靈輻湊邊境信才豈徒稱張叔授經盛覽傳
賦輪奐新居遠闤闠喜梅花拓圃蓮子鄰湖枌榆結社彼都人士

雅集風流鄉情偏觸我恍如聽六橋話舊暨三竺聯吟亦頗可觀矣

二十七日陰微雨 見客一起 燈下作毓兒書 昨崧錫侯中丞蕃来電言廿二抵黔廿六接篆當即復電賀〻

二十八日陰傍晚微雨 崑山来商件 見客二起

二十九日陰雨 繩〻崑山先後来商件 作蔚庭信并畋寄書崇受〻托攷

恭邸壽禮 六十正壽 十一月二十一日

三十日霽 見客一起 仲良因埗英指事有所商酌復〻 燈下作家信付鎔孫

九月朔日晴 文廟行香回署拜發元旦賀本賀摺手擬片奏稿一件 本科武闈鄉試調中軍副將李運龍隨同校閱 燈下復裕亭信

初二日晴 先光祿九十三歲誕辰祝享如儀 下午繩〻来商件

初三日晴 中軍回事又見客一起午後序帥來商件久談鎮邊劉
兩山報定於八月十九日分三路進兵
初四日晴 崑山來商件又見客二起電孜李中堂商河口保勝中外接線
保案 燈下付鎔孫數行交托全庶縣楙績帶交墨盒搬指牙尺針筒均烏銅
籌零件 昨接部文籌勸直隸賑捐案內加一級紀錄三次十七年七
月十八日奉〇〇旨謹記
初五日晴午後陣雨 午前見客一起午後入闈填榜夜子初揭曉中六十四名副榜
十名解元杜灤金昆明人 前送經正書院高材生八人此次中四人陳秉明陳庚明
錢用中曹慶恩 拔十得五亦不爲寂寞矣 因紅河接線保案電商李中堂連記
初六日晴 提調湯小秋監試石晉卿鴻韶撫中軍岑潤之出闈同見接七月

二十三日鎔孫安報

初七日晴 繩之来商件 又見客一起 接蔚庭五月初六信 又季和信 論金元直身後事 熱腸古道可敬也 兩信均正主考帶来

初八日晴雨無定 早起見客五起 兩主考来拜 晤談有頃 詢之序師 言俟其明日出闈再赴皇華館答拜也 昨晚得李中堂復電 所商以行

初九日晴 午正赴鹿鳴宴 一切如儀 禮畢後序師留談 倍勉之 與使回散 由驛遞回硃批摺 係七月初十日拜發 八月初九日奉硃旨 擬拜兩主考 知今日尚須拜客 来即回館 俟明早前往 搶宴之風到處皆然 無事日極無理 而竟無辦法也

初十日晴 早起拜兩主考 晤談有頃 為提調監試道並在粮署少坐 午

後序帥來商件久談又見客兩起接頌閣忠甫七月初旬信

十一日晴 小秋崑山先後來商件 浙江候補道丁碩甫彥請假回籍來見衡三之兄也又見客二起偶憶丙戌丁亥間高寧平丈爲余看五星言每逢寅丙兩年九月十一日交運前行癸巳最爲駁雜本日交甲運較平順誌之以徵驗否又言此後甲午乙未四運俱尚將果爾則年登耄耋矣其然乎其不然乎居易以俟之而已

十二日晴 縄之來商件又見客二起 手復蔡軍門書

十三日晴 見客二起 改定馳報鎮邊勝仗奏稿係楨兒起草畧加刪潤尚可用 得接鎔孫八月初三日安報

十四日晴 小秋來商件又見客四起 手復普安廳曹潤芝昌祺信論會

試火牌事　邵庸仲自閩来書言頌公師有幼女三歲屬其為奎兒説親答以與若翁有成約矣

十五日晴　武廟行香順道答丁碩甫彦回署後絶之来商件又見客一起

午後赴兩粤會館公請兩主考演春洪班共四席亥正歸本日巳刻由

驛四百里拜發正摺二件夾片一件○勦辦猓黑夷匪迭獲勝仗情

形摺○威昌請補都司摺○武闈校閲調中軍副將李運龍來事

片　復頌閣信寄普茶茯苓兩種

十六日晴　小秋達泉先後来商件又見客二起作湖南張蘭浦中丞書論李璪

世家難事　閲北闈題名盛杏蓀之長子昌頤中式

十七日晴　小秋来商件又見客一起楨兒偕澄妹松夫華仲并携彬孫

往安寧州試湯泉離省九十里滇中湯泉有數處以此為最惠風

澴者浴〻有奇効澄姓諸君則因聞所聞而欲見所見皆非治病也

十八日晴　崑山来商件又見客一起午後訪房師談公事久坐閱電抄〻

十日8諭旨陸寶忠張百熙均着在南書房行走見浙江題名録杭府

中二十八名內杭府五名仁和十二名錢塘四名海寧州三名餘杭四名熟人祇孫補山樹義一人近二十

年来寧波一屬最盛杭州久已瞠乎在後本年科寧屬中二十四人風氣又當

漸轉矣　送兩主考程儀各百金土儀四色滇緞袍褂肉桂一對普茶八方朊詩箋一匣木匣

十九日晴　小秋来商件又見客一起戴少懷星使来談電托讓卿送貴州

正副主考程儀各五十金亦循例也

二十日晴　新授糧儲道英鄰林奎由工部外放到省来見錫孚蕃葆芝岑〻

姪輩也又見客三起植兒等自安寧州湯泉回極言山水〻勝頗似琢山

葛嶺一帶風景云燈下作蔚庭信寄年節清單夜雨

二十日晴 兩主考来辭行 英鄉林謝飭知到任中軍回事檢點積存京信開具節畧寄蔚庭於年節信内加单作恆和信滙款

二十二日晴 竟日無客亦難得也清理案頭積件

二十三日晴 武職月課兩箭道看馬步箭午膳後先撒送兩主考行並答英鄉林均晤談回署見客一起燈下復崧錫侯中丞書 奉到八月二十二日8寄諭一道 通飭整頓勇營以弭隱患

二十四日晴 早起見客一起北教場看鎗靶午正回署小憩甚酣燈下改定紅河接綫在事出力人員請奬摺片稿原奏係華仲楨兑起草大致明順尚易收拾歷練久之皆可入門也接鎔孫八月西安報

二十五日晴 兩主考起程回京 巳初出南城至接官廳候送 事畢後閱視綏靖右營及副中營新築營壘 緣滇軍向不扎營 散漫無紀令 因田尹副將光祥彭參將惠俊各帶一營 照楚軍營制扎成墻子 以爲之創 閱之壁壘一新 頗稱如法 尹彭二將均湘人也

二十六日晴 小秋來商件 又見客一起 閱電抄 王劍摺交刑部議 馬如龍摺奉旨 提督軍營立功後病故 例議卹 於雲南省城建立專祠 生平戰績宣付國史館立傳 馬廣惠片 加恩開復 歸原省免繳捐復銀兩

二十七日晴 繩之小秋崑山來商件 不期而集 談甚暢

二十八日晴 全應熙辭行 回籍 又見客兩起 作劉峴帥信 論采買洋軍火事

二十九日晴 繩之崑山先後來商件 手擬片奏稿一件 言李必昌附入 通達洋務

红河接钱保案密陳

三十日晴 绳之崑山楚卿小秋分起来商件又見客三起 撫中軍、城守營請驗弓復何東山信昭通倫守 五常病故縣營不和地方緊要屬其妥為鎮守

十月朔日晴 文廟行香 送金庶熙行 孟冬祀 先見客二起

初二日晴 蘭生来商公事 蔣伯華實英委署昭通府来見又見客二起 午後赴承華圃閱道武闈定明日開考 替監臨撫主試定例也 湘戈什哈玉璜黄耀斌張道鉞師錫斌回滇

初三日晴 武闈開考辰正詣承華圃偕彦帥看馬箭五牌午膳後先散 道英卿林接篆喜

初四日晴 小秋蘭生先後来商件又見客二起 蒙自關税務司哈巴安到

省来見接李肅毅九月初二日書論時事甚悉貴州正主考丁伯亭仁長
副勞少薌肇光寄到扇對聞墨均有信
初五日晴 繩之崑山先後来商件又見客一起武闈馬箭畢共五百八十人
初六日晴 馬星五觀察自姚州本籍到省来謝六年不見暢談甚暢又
見客二起午後答哈稅務司並晤蘭生小山歸途答星五
初七日晴 見客二起作錢子密少宗伯信言蘭生改歸原籍事 花衣第一日
初八日晴 繩之崑山先後来商件又見客一起下午酌馬星五觀察並崑
山之弟衡山約陳蘭卿鷗陳甄甫陪甄甫曾署姚州與星五較熟也
初九日晴 小秋来商件又見客一起哈稅司辭回家國
初十日晴 ○○慈禧皇太后萬壽聖節卯初恭詣五華山○○萬壽亭行

慶賀禮歸途祝小秋生日高勉之學使来談

十一日晴 復出使英法大臣薛叔耘廷尉書 論滇緬邊務花衣期内客来少簡

十二日晴 見客一起 作周嘯仙趙展戴脊丁次谷信 發嘉定電 論長官服制

只應一年 准吏部咨湖南省光緒十五年分京餉全數解清題請議叙

加一級 十七年九月初三日奉 旨 謹記

十三日晴 點檢應發摺件 見客三起 武闈外場竣事 花衣第七日

十四日晴 巳刻 拜發正摺四件 夾片五件 由驛三百里 ○滇越粵邊界電綫展期

互接出力人員請奬摺 ○電局洋司事占臣請給寳星片 ○已革通

判顧長齡電工出力請開復片 ○李必昌請以海關道存記片 以上會李中堂銜

○請以永昌守鄒馨蘭調補雲南府摺 ○請以定遠揀萬邦治升補緬寧

通判摺。提舉鄒馨德等請照原保給奬片。道員李必昌之子中式
副榜請改歸江西原籍片。請以錢繼忠補鶴麗鎮右營都司摺楚卿
来商件又見客二起遞回九月十三日8批摺係八月十六日拜發奉到九月
十三日8寄諭一道通飭整頓育嬰堂從御史恩溥所請也 接杭電言順官患恙即裝鎮筸
電囑請唐夔友診治並將實在情形速行電覆
十五日晴 卯初月食行救護禮已初復圓見客二起作協少谷馮星垣信
十六日晴 繩之小秋崑山先後来商件又見客一班閱電抄馬雲峰郵
典以毀譽參半撤銷專祠8旨意極和平 都察院據滇省京官公呈奏
明請8旨也
十七日晴 小秋来商件又見客四起武闈内場酉初入闈填榜中五十二

名鮮元叚化鯤開化府文山縣人子初回署

十八日晴 石晉卿鳴韶銷代辦武闈監試差張岐山鳳鳴 卅補楚雄協均

見又見客一班

十九日晴 小秋來商件蘭生謝過道班馬星五觀察辭回姚州安即挑又

見客一起文職月課午後出門答客伍學署久談

二十日晴 先太夫人諱日忽忽七周寒暑矣棨豐不及養薄思之黯然是

日謝客一日接繼署本日電向新街商務近日有無擬辦情形

二十一日晴 午正赴[撫署]鷹揚宴禮成後偕勉之留談復繼署電六十二歲生辰

二十二日晴 小秋崑山來商件又見客二起遞回九月二十一日〇〇批摺係八月

二十三日拜發夜雨

二十三日雨 午前出門奠蔡近安昨晚微覺感寒謝客一日
二十四日陰微雨 庠師夫人生日祝之 俺之来商件 蘭生小山謝留直行知又
見客一起感冒漸清
二十五日陰 小秋来商件又見客一起
二十六日午前陰後霽 中軍回事接李孫電熱河朝陽縣敎匪起事奉直
邊界土匪四起約數十股大小不一共佔四五百里裕將軍已於廿二日出省李傅
相亦飛調馬步各軍馳往勦辦云
二十七日晴 武職月課西翁道看馬步箭 達泉来商件 明日北校
場看鎗靶請楚卿小秋代以感冒新愈城外風大兩中軍堅請勿親
往也 接馬玉帥書極言制服成誦編之有關風教將刊板通行各屬云

二十八日霽。見客兩起。感冒大愈

二十九日晴。绳之、崑山先後来商件。又見客兩起。接總署勘電。論英人欲以紅蚌河為華滇緬交界。屬查核酌復。接九月十三日鎔孫安報

辛卯十一月

朔日晴 午前小秋来商件 午後崑山来出示劉雨山自東主来信知猓玀事已有就緒了一件是一件亦可喜也

初二日晴 小秋来商件 復總署二十八日勘電

初三日晴 臨元鎮何雲樓到省来見述近日邊務頗悉又見客二起復蔡錦堂軍门書 金星洞河堤工不日告竣 洱海沿邊水患其有瘳乎

初四日晴 見客一起 午後答拜何鎮台晤談 有頃奉到十月初三日寄諭一道 来春應否接濟 致姚平仲 山小雲 户部 三漢堂書 論銅務報銷

初五日晴 麥生三十正誕 祝之 祝署中常例也 先於昨晚設筵預 見客二起 迭接騰越鎮廳来電 以英人紮營紅蚌河西彼此議論保商事未能就範 鎮

廳意見亦不合此事尚費斟酌也

初六日晴　小秋崑山来商復騰越電又見客二起前聞大孫女病心竊系之本日接十月初六親筆信意思從容筆畫端正言日前稍有肝疾現已平安故可慰也

初七日晴　小秋来商件又見客一起由驛遞回十月初十日8批摺係九月十五日拜發

初八日晴　绳之崑山先後来商件分發試用道錢青甫登熙到省来見貴筑人原籍常德由舉人捐郎中分戶部掣滇司庚辰年事也又見客二起下午勉之學使来談接鎮箪回電大孫女平安可慰

初九日晴　楚卿来商訂襄勤公事略史館行文咨取也小秋来商件　接杭宅

安電本日發此次甚快同日發杭電告知順官安好
初十日晴 小秋来商件 兩中軍城守營同見請示冬操日期定二十四日閱
看出門祝崑山壽順道答客至極署久談
十一日陰 雲樓来談蒙自士商公所一案首府縣同見論昆明倉穀事
作翁小山信并致大孫女一函擬接其歸甯而小山信中大難措
詞躊躇累日至此始脱稿
十二日陰 繩之来商件又見客一起下午酌何雲樓鎮軍邀小秋晉卿陪
接妍平柳門蔚庭信並補曲靖府施濟航之博帶来發鎮草信
十三日晴 忌辰無客接 鎔孫九月廿二日安報子杜亦有信述里中近事甚悉
十四日晴 勉之閱月業賀之晤談回署後序帥繩之小秋先後来商施濟件

航稟到又見客兩起中間匆匆一飯至酉初始畢尚不覺累 接總署
本日電仍論保商事諄諄以守舊勿過界為囑
十五 十月朔日晴 武廟行香本署新修關帝殿觀音閣即海天閣馬王廟工竣
敬謹諸行禮並閱視工程係都司黃呈祥承修工料頗為核實勉之
來謝步談復總署電燈下手擬夾片一件 請留蒙關四成洋稅
十六日陰 小秋子蕃蘭生先後來商件又見客二起接大孫女十月廿二信
十七日晴 見客二起檢點應發摺件
十八日晴 見客一起拜並發正摺三件夾片兩件○蒙自關自一百十六結期內開
辦起截至一百二十結止奏銷摺○請將蒙關稅項全數留滇免其提解
四成片○請仍以崔廷樑補廣西營游擊以錢之福補臨安鎮中營游擊

摺。請將大理城守營與臨元鎮右營都司李萬華互相對調摺。

奏保守備劉國勝前保誤作劉國書請更正片　武巡捕張顯廷解

責回省

十九日晴　繩之小秋來商件　兩中軍城守營請示冬操事宜又見容之

班調補石膏井提舉陳春泉先溶內行甚篤居官廉正尤習於吏事筆

下簡而該達僚屬中未見其匹茲由省赴任行抵嶍峩猝以病逝上有老

母宦況蕭然其才可惜其遇亦可傷已

二十日晴　祝陳蘭卿太夫人壽道蘭生過道班喜連日作各省督撫年節

加單至此始畢今年生日官場仍有以聯幛致祝者踵事增華未

免文勝於質矣署款之件辭之太不近情受之實為蛇足耳

二十一日晴 寅僚見祝照例擋駕 晚酌在署戚友設兩席 大孫女屢次書來力求歸

省事屬兩難殊費斟酌

二十二日晴 長至令節卯初詣○○萬壽亭行慶賀禮歸途四城謝步

六刻丙畢寅僚俟賀均辭之

二十三日晴 雲樓來談小秋崑山先後來商件又見客兩起

二十四日晴 辰刻詣北教場偕席帥閱看冬操今年大陣約二千人入隊聲勢

較為雄壯大陣畢演試新造開花砲準頭雖不甚熟亦尚相去

不遠滇中向用鉛子以鐵質不合近始於新興州采得一種質柔可以受工試之頗為合用飯後委營務處接

看雜技進城道崑山乃郎合巹之喜下午小憩甚適

二十五日晴 辰刻赴西箭道閱看實缺候補副參游馬步箭侍序

帥午膳後先散都守以下(實缺千把外委候補以下)委營務處看千把以下委兩中軍城守
營看下午繩ゝ來商件論石膏井提舉事得張鞠甫凶問(九月廿四日病歿揚州)
駭悼ゝゝ孟余與芑堂鞠甫昆仲相契(交誼)甚深乃先後四年俱(相)繼作古噫張氏
其衰矣繼起有人深盼禱ゝ 接鎔孫十月初十日安報
二十六日晴 崑山來商件曾魏江辭回新興州
二十七日晴 繩ゝ逮泉先後來商件又見客二起
二十八日晴 小秋崑山先後來商件冒小山運銅赴京辭又見客一起
二十九日晴 高勉ゝ與(營)使辭行按試澂江雲樓來談繪呈地形圖武兩中軍
稟知冬操竣事又見客二起昨繩ゝ以螃蟹六枚見貽作羹食之聊以
應時所謂物罕見珍也

三十日晴 绳之小秋先後来商件又見客两起 核定拔沙奘案清单首縣
陳甄甫送螃蟹三十枚 舉家足資大嚼矣 蟹每枚價銀三錢六分
十二月朔日晴 文廟行香 送勉之學使行晤談 回署見客二起 改定拔沙奘
案正摺 楨兒原稿也
初二日晴 曲靖守施濟航署開化守石晉卿均謝委 何雲樓鎮軍招飲
未正赴之 席沖楚卿小秋崑山極座有戲 戌初回署
初三日晴 見客一起 發杭宅安電 手擬片奏稿一件 開復思南府陳廷棵請仍留黔補用
初四日晴 小秋来商件又見客一起 夜與子棵談 騰越邊務
初五日晴 小秋来商件 雲樓辭回蒙自 午後送之 均晤談
初六日晴 小秋来商件又見客一起 近日騰越邊外漸有交涉事件而

青雲已上兩句係誤記原本云青雲上了無多路却要徐驅穩著鞭 送考功崔郎中赴闕

鎮廳不和剛柔均失商之亭帥會檄永昌鄉守前往駐紮以期事有
於衷免致歧誤接伯葵十月十二日信畧述時事與近來聞見相符可憐亦
可懼也 接刑部咨王釗罪名擬斬監候此案辦至此始為心安理得
初七日晴 繩之小秋崑山同來商件又見客三起拜發正摺四件片三百校
閱督標六營冬操摺○保獎披沙出力人員摺○馬應祥劉映貴各
請補守備摺○楊祖德潘思順對調守備摺
初八日晴 楚卿繩之先後來商件出门奠陳春泉提舉惜其才悲其
遇故親往焉 復湯幼菴書乃弟於戊子登賢書余當監臨俗有師生
之稱幼菴臨行引此遂易稱謂曾堅辭之此次書來殷殷執贄遠道
無從固卻因復是書並誦白香山青雲已上無多路莫謾馳驅穩

香山送敏中新授戶部員外郎西歸 行衡赤日加餐飯上到青雲穩着鞭

着鞭之句略贈之竊自附於互相警勉之義焉

初九日晴 小秋來商件 發總理衙門電論騰越邊務

初十日晴 小秋來商件又見客三起 連日騰越邊報絡繹又以封印在邇公事填委頗增忙迫

十一日晴 崑山來商件又見客一起 連日作各省督撫兩司年節加單並函啟畢 亥刻接總署本日復電 所請並行並論及姚子樑

十二日晴陰 繩之小秋來商件 蘐池南道劉雨山春霖報鎮邊夷務一律肅清 由驛遞回十一月十一日8批摺係十月十四日拜發夜得微雪

連日天氣沍寒可穿大毛此間僅見也

十三日晴 房師來商件久談又見客三起 燈下復松錫雪帥書

十四日晴　手擬勦辦鎮邊叛夷竣事摺稿清節繁冗竟日之力草
稿甫就幸本日適無客至尚能一氣相生也
十五日晴　繩之小秋崑山先後来商件　收拾昨擬正摺並改定片稿
兩件一劉春霖請獎一賀連陞刀煥彩請開復（華仲楨兜稿）
十六日晴　見客兩起料理隨摺各件諸就周備專俟摺子寫齊即可拜發
十七日晴　崑山来商件又見客二起料檢案頭積件因劉雨山獎項調
克復大理及收復騰越全有肅清兩大案原奏一閱
十八日晴　拜發勦辦猓黑叛匪蔵事摺○劉春霖請優獎片○賀連升
刀煥彩請開復片（由驛四百里）午前見客三起小秋来商件出门至
撫署與厚帥晤商一切久坐接總理衙门電（英使言英兵決不過紅蚌河）燈下核
[illegible]

定年終密考摺片就模兜 原稿修飾之

九日晴 午刻封印一切如儀晚設兩席復總理衙門電言紅蚌河不能該括中俄全界請知照英使轉電印督勘界未定之先凡地涉疑似者彼此均不派兵游弋以免邊野驚疑 定滇省文武密考

二十日晴 小秋崑山先後来商件又見客一班 謝福挈其家口到滇

定黔省文武密考

二十一日晴 致蔚庭書并附復伊臣信滙京松一竿由百川通寄華仲接家信驗卷

姚公奚於十月十四日病故母老子幼情何以堪不圖彥侍之後一衰至此可悼可歎 發杭州安電

二十二日晴 見客二起 發蘇州電慰彥侍夫人

二十三日陰晴 韓鏡夫卸曲靖府篆回省来見又見客二起 檢點應發摺

件久不作家信本日打叠精神作鎔孫毓兒兩書封完爲之一快
二十四日晴 蘭生来商件又見客三起拜發四摺兩片〇年終密考摺〇
學政聲名片〇彙報更換管帶員弁摺〇開復知府陳廷樑請仍
留貴州補用片〇揀員請補守備各缺摺〇蒙自関一百二十一结至一百
二十四结期滿奏銷摺 接杭州本日安電
二十五日晴 小秋来商件復高勉之少司成信論刊刻理學宗傳體例
以浙江本加入張仲誠先生手批接仲良電順直賑捐移奨案内
鈺孫 請員外銜花翎部照已發
二十六日晴 崑山来商件錢青甫委厘金捐局唐子蕃姚子樑委鹽井渡蒙
姑厘金先後来謝大理守陳雪香之梅晉省来見又見客一班上海

洋商島石山瑞典國人来見意欲創辦百色至省城鐵路可謂奇想天開矣荅以俟漢口至京鐵路告成再酌 接翁小山復信初八發 本月初九士孫女歸省々請惠夫醫大孫女均有信 復翁述唐蔡軍門信 接總署本日電言薛使以滇緬界務宜早勘辦屬酌籌電復

二十七日晴 繩之小秋先後来商件 又見客兩起 陳蘭卿司馬以年節帮項單見復上年起每届逢年節指廉銀一百兩於交蘭卿分助同鄉之貧窘者 夜年節敬神

二十八日晴 復翁小山信 發杭州張沙鎮草三電 均為接婉事料理年事大段就緒

小除夕晴 見客二起 接十一月十七日杭宅安信

除夕晴 今年公私條秩並無所事事 午後讀白詩一卷 晚恭懸神像祀先

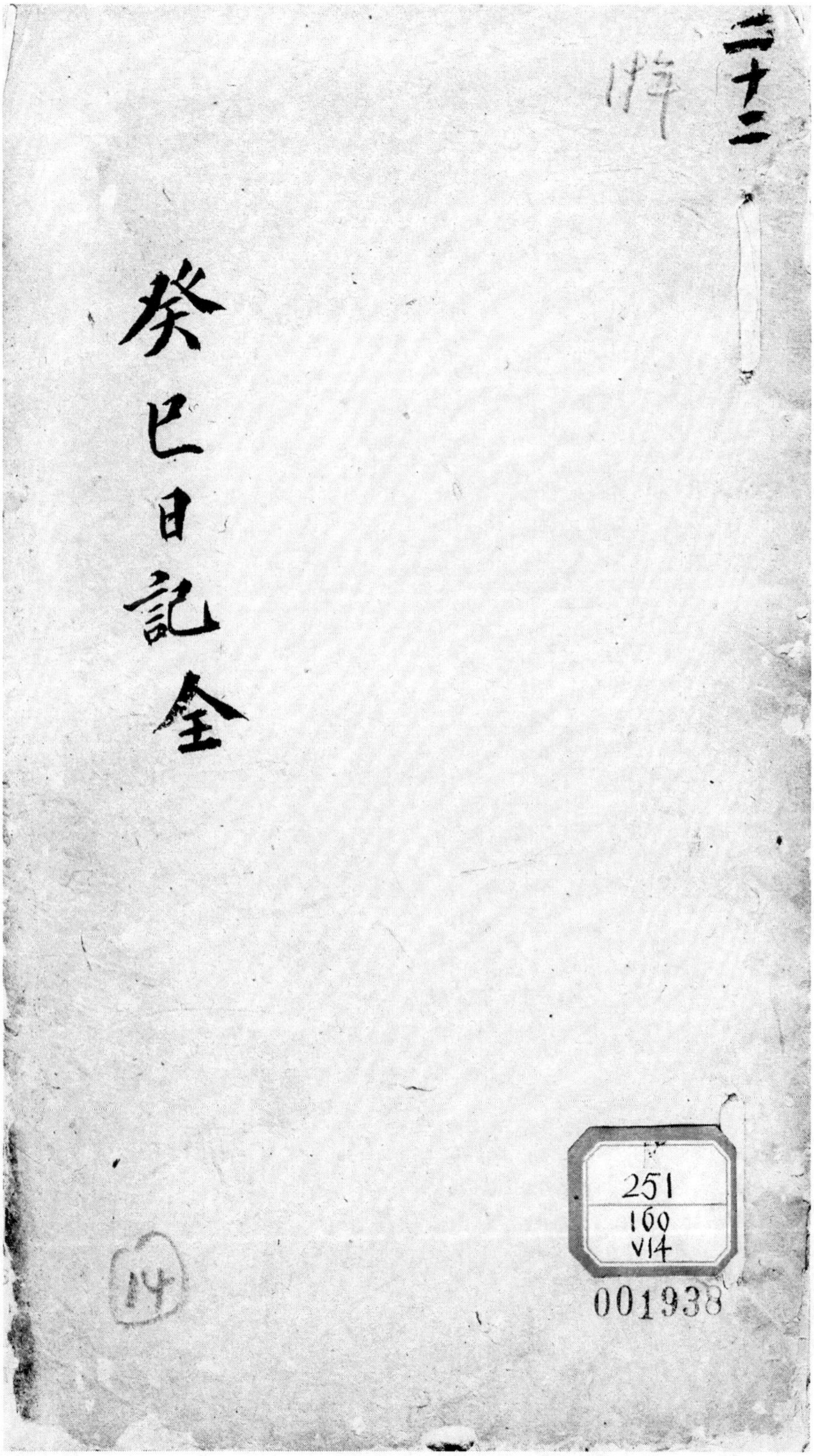
二十二

癸巳日記 全

光緒十九年歲次癸巳六十四歲

正月甲寅朔日乙酉 晴 卯初恭詣五華山8萬壽亭行慶賀禮〻成團拜一切如儀少坐偕序師同詣文武廟城隍廟行香年例如是回署見客敬天地竈司禮祖先在署戚友彼此相賀兒媳孫男女輩依次叩賀事畢小憩下午無事隨手讀漢書〔文記〕列傳三卷

初二日晴 西華道閣帝殿行香 滇中乾隆道光間兩遇壬辰癸巳壬辰水患癸巳地震若合符節道光十三年七月二十三日〻震省垣內外成災尤重上年又屆壬辰適又水災都人士動色相戒深以今年地震為慮因於除夕設壇自元旦至初三唪經三日虔誠祈禱陰陽之理微渺難知或有或無未可意揣惟神道設教垂諸古訓從宜從俗亦所以順人情也 四城拜年六刻而畢 珠泉自威寧查災回省詳述見聞幾於不忍卒聽現與崧錫帥會商力籌接濟冬賑已過春賑冀稍得一分是一分也

初三日晴 忌辰無客陳程初寄到湘蓮平米銀魚玉蘭片李蘭生帶来家中寄来於米亦到

初四日晴 序帥来賀晤談年例初一二到门投刺外彼此又互相登堂一次也又見客二起 石晉卿 陳甄甫

初五日晴 中軍回事又見客一起 午正 出门拜客晤序鄴兩帥绳之薌林皆初次登堂也楚卿連泉均他出未值自臘初至今無日不風狂似虎氣候燥烈非常外间時症甚多官場亦事故迭見邊陲風土自與各省不同也恭阅電抄甲午年 皇太后六旬萬壽順天直隸每年賞銀二萬兩各直省當年賞銀二萬兩均由内帑節省項下發給各督極周濟窮民 慶典覃敷 湛恩廣被猗歟盛哉 接

翁小山暨惠夫十二月初五信

初六日晴 鄧帥來賀晤談張用宏紹模辭赴昭通鎮署任午後出門拜客晤小秋蘭生許蓟山張用宏申正回署擇定二月初六日出省赴迤東南閱兵先至臨安後至東川尋甸即日通行知照

初七日晴 恭閱邸電抄元旦欽奉諭旨明年皇太后六旬萬壽著於本年舉行癸巳恩科鄉試二十年舉行甲午恩科會試慶洽普天殊恩特沛俾茲多士歡舞觀光誠盛典也

初八日晴 本標中軍屈星垣洪泰卸署普洱鎮到省來見錢青甫晤談又見客兩班

初九日晴 小秋商件胡岱青辭赴昭通府任又見客一班一起

初十日晴 土主廟行香 年例七月二十三日因道光癸巳地震紳民例於此日往土主廟設壇悻經祈禱本年又逢癸巳因於新正先舉一次與日西籥道一局二而一也 初二是日往省同寅團拜仍借兩廣會館

未初赴之設五席 鄭帥感冒未到 戌正回署

十一日晴 忌辰無客接俛署蒸電向天馬銅壁兩關實在界址即日電飭騰越鎮廳迅速查覆

十二日晴 見客兩班 鄭帥感冒未愈 貴州會館團拜公請申初赴之與繩之同做客序帥作主人竟日盡歡 亥初回署

十三日晴 見客一班 一趟夜上燈祀先 季衡開館 陸必順回湘帶書籍壽屏十一馱

十四日晴 忌辰無客 微受外感夜作寒熱

上元節晴 武廟行香委首府代 餘熱未淨 鏡夫為開方服一了

十六日晴　小秋來商件即伍簽押房便衣一見餘熱未淨仍請鏡夫
復診言外邪已退惟内寒尚未化盡耳是日會館團拜命楨兒去
十七日晴　餘熱仍未退淨接服鏡夫方　楨兒亦患寒熱近日時令也
十八日晴　尚有微熱仍請鏡夫復診下午精神稍爽
十九日晴　卯時開印兩腿微軟亦勉能成禮惟節省各項酬應耳
二十日晴　兩日均請鏡夫復診雖熱總未見退淨不過幾微間據
云脉象平和每一二劑必可全愈矣
二十一日晴　楨兒同一時令而喧多不能成寐較余遂形狼狽
二十二日晴　兩日均漸見鬆爽惟下午尚有浮熱現於肌膚之間
今日於清熱之外加以陰陽兩補庶有瘳乎　楨兒病勢亦退

二十三日晴 鏡夫復診服參芪歸芍甚對仍用柴胡前胡桔梗白芷也
二十四日晴 接服前方病情大退起居一切自知之也 楨兒亦日有
起色 接杭宅十二月中來電信奉到十二月十五日8批摺十二月十四日拜
發又奉到十二月十六日〇〇批摺十一月十八日拜發
二十五日晴 精神意興俱有起色惟戌亥間尚有浮燥一陣 鏡夫
云肺胃間浮熱未盡只須固正氣養真陰陽自當全愈也
二十六日晴 繩之來索看藥方言下藥均極謹慎即在簽押房暗
談有頃神氣為之一爽 接李中堂嘉平廿書於滇緬界務頗有所述
二十七日陰微雨 小秋來候便衣暗談 拜發正摺四件夾片壹件〇巡閱
迤東南營伍日期摺〇三年任滿請8陛見摺〇崔廷樑請補

將擊搨。陳偉請補將擊搨。張裕模妻署昭東通鎮片狄清
臣知懷来為之診脉擬方大陵與鏡夫同参着苓术外韓用
當歸狄則用首烏耳下午参服一劑以試之昨晚至今頗覺
適意餘熱雖未大净亦徵乎其微矣 楨兒亦兼服韓狄方病
退太半 细雨達旦於農田足資沾潤於時令亦稍滌燥氣可喜也
二十八日陰 連日迭進参着大劑至此餘熱始退盡乃知年老體衰雖
有外邪亦須先扶正氣也鏡夫来復診仍照原方加減服之細
雨竟日人心大慰慎中春三月向来不易得雨也
二十九日午前陰後霽 氣體漸舒尚覺疲軟仍服原方大参用至三錢黄芪用至八錢 先太
夫人九十四歲冥誕敬謹祀享照常行禮

二月朔日晴　鏡夫辭赴鹽井渡釐局　早膺出省以爲余診脉堅不肯行今已就痊　促之始允　仍酌留方劑以備加減調理　便衣見客三起李蘭生　陳甄甫　許子衡　甄甫即赴　恩茅任　尚不覺累　仍服原方

初二日晴　黎明微雨　中軍倭星垣回事　錢青甫屢次問候　先後便衣見之　春祭届期尚難勉強將事　商定由廖帥偏勞　廖帥與各寅僚亦均以此爲言也　病體亦愈　明日春分　尚覺疲乏　夜加服鹿茸虎龜兩膠各少許　頗有奇效

初三日晴　管帶綏靖選鋒營蘇榆元便衣進見　本日接服狄青臣方

初四日晴　精神漸起　除料理日行公事外　仍避風靜攝　本定初六日出省巡閱　以新病甫愈　改至十二日啓行　歷省寅僚皆殷殷以此

商勸也

初五日晴　小秋述唐均来问候便衣見之亦有公事相商也仍照原方

按日一服夜大風微雨

初六日晴　楚卿问候小秋商件先後便衣晤談精神一切日見健適

初七日晴　料檢出省事宜

初八日晴　兩中軍城守營進見因余病體初愈力請展緩啟節即因

商定只到壽向不赴東门之議即日分别檄行改調並知照會

澤壽向各牧令

初九日晴　序帥過談仍以展緩出省為言拳拳可感婉言謝之先後又見

司道首府縣候補各營營帶三班尚不覺累料理行裝粗有就緒

初九日晴　午後出门至撫署辞行并商公事晤談久之此外自鄂帥以次
官紳各處均到门投刺未及一一下輿緣病愈後即有遠行不得不
稍加節攝也遞回正月初十日8批摺係上年十二月初十日拜發照出
請送部引00見
片8特旨照准
十一日晴　曾魏江樹榮自新興到省来見接薛姊耘星使信係上年繪
送界圖復函有請設仰光領事之議原来無外封不知何日發也
出省一切布置停妥連日氣體漸旺此行可以勉強從事矣
十二日晴　辰正祖先堂行禮後起程出省先至撫署拜壽甡日厚帥出
南门接官廳少坐厚鄂兩帥暨司道同在一處滇省向分兩處歸併自此次始
府廳州縣及本城紳士沿途候送降輿者三次緣防各營站

隊如儀午初行二十里小板橋矣屬昆明首府縣等送至此見

客一班矣後午正二刻行未正一刻呈貢縣城宿以衙署為

行台丁紫垣大令中立迎至小板橋此次仍藺言同行收數審詞李

詩庭蔡文發錢越生福嗣王澄牀誦清黃修擊呈祥帶纓靖

中營練兵八十名護衛緣去年赴迤西纓靖各營每營派哨弁一員兵二

十名號令不齊無所統率頗不合法也珠泉將回廣西並請咨引

8見送至呈貢話別今日站頭本小至此若行所無事並不覺累

出城後風狂如故幸輿中收拾嚴密尚不進風途中一望青蔥小

春甚好可喜也

十三日晴　辰正起行二十里大漁村矣近時已初三刻矣後午初行丁令送至交界處

昕三十里（未正）晉寧州城宿亦住州署見客一起州牧及兩學（劉芸僑堂安樟）芸蔭堂知醫

晚間為余看脉言六脉平和病已全愈只須照常調理矣午後風狂甚

十四日晴 辰初三刻起行四十里午初二刻河間鋪尖屬河陽澂江守凌鳳閣蔭梧

河陽（令）張小園（世）迎候（江川令甘蘭村棠茂均）見客一起供應如式為出省第一頓尖後未初行

過關嶺上下約二十餘里三十五里（酉初）江川縣城宿亦住縣署皆庚寅十月所經歷

之地也接松錫帥本日電告知黔藩王朗青德標於十二日因病出缺

并問何日可以回省本日風小

十五日晴 先光祿諱日忽忽三十六年矣途次無從行禮為之黯然辰

正起行四十里（未初）甸首關尖（屬寧州）塘汎草作四十七里中有山路十餘

里黃子相州牧如鈺預備特周呵不料也通海令何文農亮標（臨安守松相廷棟有）到

此迎。实後未正一刻行三十五里酉初三刻通海縣署宿。文曲農長於肆應，啟而置助，鋪設花草無一不精，較上屆殆有過之，滇中所無也。見客一趙河西、劉令向榮、岩碧巖五令、永盧均到此迎候，接蘭生電，繩之之大令郎病殁，年十九矣。余出省時知其患病奇重，不料其竟不救也。回憶癸未八月事，感慨係之。復錫帥電。○朗青由軍營起家，勇敢善戰，以一藩司迴翔三十餘年，至此結局，亦可慨矣。竟日無風，得之望外。是日收詞四十四紙。

十六日晴。辰正起行二十里，巳正二刻中伙鋪实通海屬，後午正行三十五里，申初三刻館驛宿建水屬。何雲樓、陳蓬舟、當比山均到此迎。何文曲農、丁沛安均送至此。閣舊李丞錫齡、建水林令濂勳迎謁，見後先歸。計

見客兩起發電慰繩〻今日風又大出省五站精神日有起色漸已如常矣是日收詞十紙

十七日晴 辰正三刻起行十五里巳正二刻野馬川尖〻後午正行二十五里未正二刻冷水溝宿草〻供頓有不承權輿〻之歎是日亦收詞十紙

十八日晴 辰正二刻起行二十五里午初新房尖午正行二十里未正二刻抵臨安府城關化鎮何東山臨安鎮何雲樓開廣道陳崑山以次文武均郊迎仍住考棚見客三起一鎮道一文一武定明日看操許右〻自石屏來送菜五籃却是家常風味郡城氣象較〻庚寅冬來大有起色由頻歲有秋也 到後即發摩郎暨善後局安電是日收詞八十四紙

十九日晴　辰正出西门赴校場看臨元各營大陣操閱臨元開化普洱三鎮標暨所屬各營將官都守步箭鎗靶馬道（在内校場）其（午正竣事）千把以下及各營兵丁臨元所轄委何東山代閱開化所屬（轄）委何雲樓代閱普洱所轄委陳崑山代閱下午出门拜客在府署小坐鎮道尚在校場未歸也接厚帥復侯電何東山来夜談

二十日晴　鎮道代閱各營畢同見並約明日小敘堅辭不獲說明未能久坐也又見客二起崑山夜談應商公事諸有成議

二十一日晴　見客兩起申初至鎮道府各處辭行晤東山即赴臨元鎮署公局兩鎮一道一府作主有戲不如大理遠甚（到即上席撤）戌初即昨先約定是以尚不致果料理賞號一切大致就绪定明日啓行

二十二日晴 辰正三刻起程鎮道府廳州縣預先約定送至郊外為止
各營官弁兵丁則在十里外一路下輿三次尚不費事二十里新房（午初三刻）
尖午正三刻行沿途皆山路却不難走二十五里申初一刻冷水溝宿
自抵臨安右〻每日送菜五簋頗為適口堅欲送至館驛辭〻未可
今日仍照常送菜也到站後小憩甚酣
二十三日晴 辰正起行二十五里巳正一刻野馬川尖〻後午初二刻行十五
里館驛宿時方未初一刻許右〻送至此兩尖兩宿均送菜多家
鄉風味情誼甚殷拳也夜飯後與林遂舫同見謝〻此行色封公事
甚簡呈詞較多交李詩庭先行擬批只須覆核酌定亦甚從容也
二十四日晴 辰初三刻起行三十五里中伙鋪（午初二刻）尖〻後午正二刻行中和（未初）（二十里 二刻）抵

通海城宿曾渭江悦喬自新興来夜談甚暢與何丁兩令商定
稽查釐金事即據該印委稟明白批飭示諭商民一體知照
二十五日晴歇息一日何文農約游秀山南城外里許巳正前往先至玉皇
閣再登為清涼臺最上為湧金寺高處不過二里更巖巒聳翠古
木陰森仍以清涼臺為最佳處山川城郭眼界空濶亦不可多
得之境也是日適無風下山回城時方未正小憩甚適下午有戲
味免擾蛇足矣接總署正月廿六日公函蠻耗副領事擬移設河口當即行知關
道查議具覆
二十六日午前陰後霽辰初二刻起行三十五里海巳正三刻由首關吳仲士求
文昌宮匾恭上陰騭下民四字又求潮陽寺匾恭上慈航普

渡四字尖後午正行黄子相甘蘭村碰交界處一迎一送四十里酉

初江川宿

二十七日晴辰初二刻起行三十五里午初二刻河澗鋪尖尖後未初行四

十里申正三刻晉寧宿昨今兩日河澗兩尖站一屬寧州一屬

河陽離城既遠地方亦陋甚至椽欖之類均須由城運來辦理

殊非容易且兩屬均祇有一尖站津貼無可騰挪是以此次回

站不再貼章核減亦所以示體恤也

二十八日晴辰初二刻起行三十里巳正二刻大漁村尖士民求閣廟匾敬

上神周覆載四字尖後午初三刻行未初二刻呈貢宿善後局

提調鄧昭通府事蔣伯華寅英到此迎楨兒率彬孫来身體

已大好，述知眷口平安可慰也

二十九日晴 辰初三刻起行二十里小板橋（巳初三刻）尖司道皆迎候以余病甫愈

即出省極承系念 楨兒先日辭之不獲故有此行非向例也首府

暨候補府廳州縣復二十餘人分班接見一一謝之輝遠松夫奎兒

（亦）來即同午膳午正行三十里（俗作四十里）申初抵大板橋宿兩中軍、城守

營並分文職石晉卿周佾顕壽均迎候寰遠在此照料差事炯甫

適到此訪醫同晚膳 楨兒率奎壽由小板橋回省下午聞雷

三月初一日晴 辰初三刻起程三十里巳正二刻長坡尖昆明令許子

衡丈送至此邀同午膳辭歸尖後午初三刻行三十里未正二刻

楊林宿（州界）嵩明馬牧（號石生）玉麟甫接到任因病未（不）能來遣張吏目百均

代為照料供頓一切頗為周到（地生期迫辦此）亦殊不易也今日寅申兩時均有

雷雨

初二日晴　辰初三刻起程三十五里午初一刻河口尖（仍嵩明屬）尖後午正二刻（計）三十

五里易隆宿（申正）（尋甸州屬）尋甸迤東道李子嘉曲尋協李慶雲曲靖府施濟舫

尋甸州韓醴泉均迎候此處行台上年被燬現亟新起規模較他

處寬展工料亦頗堅實昨晚接奉軍門電知鶴麗吳靜堂鎮軍

於前月二十八日以瘓疾猝逝夙將淪亡良深悼惜遺篆委前任廣

西右江鎮李信古維述署理

初三日晴　辰初三刻起程二十里巳初三刻江鎖尖（載作蔣呼）尖後午正（二刻）

日到行未正抵尋甸州城仍（住）道署見客三起鎮道一起文（鎮張用宏綏鎮）

武各一起外州縣来者馬龍吴牧雲竹宣威馬牧鯤平彝吴厦局
委員葉令樹藩夜约子嘉觀察談亥刻接蔘軍门電西道
陳少海於本日病故亦意外事也滇中老吏又弱一个深為惜之
本日申酉间大雷雨一陣
初四日午前陰後雨辰正出東门赴校場並無演武廳用攜帶之中軍帳閲看昭通鎮標
四營東川鎮雄兩營暨曲尋霑廣西四營千把以上官弁馬
步箭及鎗靶馬道泥濘臨時改作步箭一枝午初竣事各營外委額外兵丁委
鎮道協代閲一日而畢下午風雨天氣甚涼換羊皮袍並馬褂
李慶雲送席收之即令代作主人邀調来各將官一敘子嘉送席
辭之州城蕭索特甚昨與子嘉閒談言平時遇街期方有肉賣去

冬至今因米價昂貴食肉者更少中間有四十餘日無肉可買因之
州城且有道台駐劄雜省亦不過如此四站而荒涼至此邊省情形可概
見矣惟鄉間氣象頗好所過及望見村莊亦有高大房屋為城內
所無者大約滇人性懶不農不商習俗相沿乃至於此可慨也
初五日陰雨 午前見客鎮道府三起又文武兩班料理各營賞號下午大雷
雨曲尋靖各屬正當天旱得此如獲至寶此間迤東節侯較南路為遲
豆麥芙蓉均望雨也南路則麥已秀齊芙蓉收割過半矣
初六日陰雨 辰正起節鎮道及各營將官先日辭勿遠送均在南
城外萬壽宮等候下輿謝謝三十里午初二刻江瑱尖天氣甚冷
復御重裘尖後未初行二十里申初抵易隆山宿見客一班李慶雲

施濟船（航）均順道回郡葉令回平彝蘷局韓牧則東道主人也今

日雨途尚算好走不甚泥濘

初七日午前雨後陰 辰初二刻起程三十五里（午初二刻）河口尖ゞ後未初行申正三刻（三十五里）

楊林宿珠泉回粵西昨日出省今日亦宿此即同晚膳藉以話

別植兒本日來電（叒菴）知請覲摺奉８硃批毋庸來見仲良有電

函知也雨途較去時尖站多走二刻宿站多走一刻 馬牧病愈

出迎

初八日霽 辰正起程三十里午初二刻長坡子（尖）衙同午膳藉談省中近

事尖後未初行三十里申初二刻板橋宿李信古、翁述唐、鄒循陔

謝春陔（兆恆署南函同知） 史岳生（建中準補建水令）到此迎見客兩起循陔來夜

談接總署陽電問錫馬々々外有無華兵駐扎查該處並無防
營是否土司戒嚴事不可知當即電飭騰越鎮廳查復
初九日陰雨 辰正起程文武官紳依次迎候下輿五次序鄧兩師勉々學
使暨各司道仍分兩處均少坐未初回署々中公私均順耆口
平安殊足慰也
初十日霽 征塵甫浣疲倦頗甚今明皆忌辰擬謝客兩日以資養
息手擬查閱營伍事竣摺稿並請假一月央厅杭宅寄来
恭邸庚寅辛卯萃錦吟兩集係上年崧鎮青中丞覲旋回
浙由邸附寄見賜者拜誦一過彌觸舊懷
十一日晴 檢點應發摺件 下午小憩甚適

十二日晴　勉之學使來久談，翁述堂謝委署迤西道，李信古謝委署鶴麗鎮，先後來見。電致薛叔耘星使，言仰光設（即漾貢）星使，華商之福，惟此間情形不熟，未能透達，請主稿挈銜會奏，仍托上海道聶仲芳觀察轉電。

十三日晴　序帥過談，繩之、小秋先後來商件，久坐。中軍回事。閔電抄黔藩以皖臬嵩崑升補，貴東道員鳳林升皖臬。

十四日晴　姚子樑交卸營務，結釐務到省。錢青甫手擬整頓釐差章程，先後見。又見客一起。下午約繩之來商論威寧賑務。李信古求書楹聯十六字，應之：儒雅風流，敦詩説禮；雍容鎮定，緩帶輕裘。

十五日晴　武廟行香，委青甫代。全廉熙由籍到黔（上年八月授鎮遠府），繳凴後来滇謁見去冬過杭鎔孫曾留飲因托帶件藉詢家中大段光景渠在滇經手事多眷屬亦在此不得不来此料理一切也蘭生循陔先後見拜發三摺三片。查閲营伍事竣回省日期摺。因病請假片。鶴麗鎮吴永安因病出缺請旨簡放摺。委李維述署鶴麗鎮片。潞江安撫司線永福滛亂暴虐請革職審辦摺。副將李朝相等請革審片余自正月间病後未及大愈即赴迤東南閲伍勉強支持回省後頗覺疲乏因請假一月藉資調攝滇中風土三年来總未服習也

十六日陰　楚卿述唐同見三營回事李信古辭赴鶴麗任又見客二起夜雨　復總理衙门陽電

十七日晴　繩〻鄉林先後商件久坐又見客一起李信古昨日下午辭
行至中軍衙門猝然中風不省人事舁回其家至今日傍晚尚
似睡非睡不能言動現雖設法醫治恐吉少凶多矣人生〻不可
恃如此可畏哉
十八日晴　述唐辭赴西道署着任中軍回事又見客一起李信古竟於本
日巳刻出缺數有前定嘅歎深〻鶴麗鎮篆委記名總兵楊中軍
岑潤〻署理手擬歸仁里紅線以外防軍請俟法兵接防到日再
行撤回片奏稿一件
十九日微雨　繩〻商件久談庶熙来見均久談岑潤〻謝署鶴麗鎮偕
中軍城守營同見商李信古身後事〻言蕭條已甚且拖欠餉項

亟需歸款為設法彌縫〻信古於同治七年援省城有大功人極誠樸作此

結局良可憫也

二十日霽夜雨 楚卿小秋先後商件首縣回事接總署皓電述坏耘電

商界務並總署駁查詢各情

二十一日陰微雨 見客兩起復總署皓電閱電抄黃澤毓思升閩藩趙舒

翹升浙臬

二十二日晴 陳春源宗海謝委署麗江府又見客一起玫崧錫帥書言

普洱鎮缺定例應於雲貴實缺副將內擬定正陪送部引見

恭候欽定請酌定一員咨復照辦

二十三日陰雨 風火牙疼未見客復高白坏親家暨四孫號子谷壻書

二十四日晴　小秋蘭生先後商件中軍首縣先後回事又見客一起

由驛遞回正月二十七日摺件係二月二十六日奉旨請

陸見一摺硃批毋庸來見

二十五日晴　午前見客一班　循陔商件　下午絕之來久談　復子社卷軒書

二十六日晴　撫署秋審匠假未到　青甫商件　攜壬辰批牘去　申刻酌

姚子樑全庶熙陳春源約蘭卿子衡陪叙談甚卷

二十七日晴　青甫商件　三營回事　三房三孫女引官許字彥侍之長孫早

有成約矣　本日為長媳生辰　即舉行文定禮　兩事合併　在署戚友咸賀

接二月下旬家信　毓兒亦有書　元旦摺弁回省　奉到恩賞福字並年例果品

二十八日晴　石晉卿商件　拜發正摺二件　夹片三件　越南餘匪竄擾

歸仁里剿辦肅清摺。紅綠界外防營請暫緩撤回片。蒙自関
廳解四成京餉請將各省欠解協餉劃撥摺。岑有富委署鶴麗
鎮總兵片。彙案請卹摺。參革武職改咨為奏片
二十九日晴 護迤南道開化府劉雨山春霖到省來見談邊事甚悉應熙
來商昭忠祠房產事又見客一起
三十日晴 接貴州普安廳戴署丞斐章二十七日亥刻稟稱因飛臬言逃匪劉
燕飛糾眾滋事謀襲廳城情急請援等情當邀楚卿小秋商派黃
游擊呈祥帶綏靖中營馳赴普安辦理防勦並派尹副將光祥帶
綏靖右營馳赴平彝辦理防堵一面電知錫帥並分別檄行旁午竟
日尹黃兩將即日稟辭均分別授以機宜限明早先後起程下午陣雨即止

亥刻錫帥電亦至　岑潤〻函辭又見客一起

四月朔日晴霽繩〻小秋雨山先後來商件適極一時圍坐縱談甚為暢便

庶熙佶三營將官來論定昭忠祠改置房屋事勉〻學使辭行按

臨澂廣臨曲等處又見客兩起自未至酉未得歇氣頗覺累矣黄

孟祥大早拔隊還限初五日趕到普安尹光祥未刻亦行迭接宣威

電報廳城尚無恙再飭支持數日滇軍一到便無慮矣本日仍與錫帥彼

此通電接總理衙門廿電滇緬界務經薛大臣議妥飭查是否允協

初二日霽　岑帥過談首縣回事午後約繩〻楚卿小秋來商論滇緬

界務下午陣雨即止接二十九日普安廳續稟廳城當能固守待援

平彝賈令汝讓函陳募勇二百名出境援勦宣威馬牧鯤霈並奉

收定基亦各陳派弁帶領團勇援勦合情滇省公事往往有不探腔
子內者即如隔有鄰封有警自應妥籌本境防務以防匪徒闌入
越境援勦豈地方官所得自專而該牧今方以此為得計蓋所由來者
漸矣分別批飭知之 發騰越鎮廳電飭查古勇孟普董六寨地名道里
初三日晴 青甫兩山先後來商件文武總查回事又見客一起 復總署
卅電界務並無異議 夜雨
初四日陰 接普安戴署丞三十日來電言二十八九日賊匪屢次撲城均經兵
團擊退賊勢已蹙惟劉燕飛尚未擒獲現正四山搜剿各情是此事不
難速了矣 中軍回事餘無他客 貴州威寧州地方著名瘠苦有十五
六歲女子不得褲穿者 近因連歲奇荒情形益不可問 除由滇酌撥賑款銀

三千兩鮮豎接濟（外）絕之創議指製布褲鮮往散（放）擬按災（賑）冊內極貧之
户计三萬餘丁口捐辦布褲一萬五千條每條在四川敘州製備運達
卿雲銀二錢共計銀三千（兩）外序師與余各捐銀一千兩由繩之、文同慶
豐代辦雖未能徧及亦稍可先儘婦女老弱也邊地奇（直）窮外省聞之
當有以多詫異者夜雨
初五日午前雨後霽 小秋商件又見客一趟普安消息大平接松錫帥三月廿日手書
初六日晴 小秋商件首縣回事子楳便見昨今批稟自縣及國道辦
理界務情形稟兩件自譯（謂）語之切當小秋見之亦極首肯
初七日陰午後陣雨 小秋商件中軍回事○相傳署中有優曇花紅白二株
三年來未之見也昨於宜園雙仙樓外得見此花花開四月芭綠

色瓣白色狀如蓮大如椀鬚頭黃色似蓮房作筆頭式葉如掌潤澤而厚初開色白半日即淡绿次日黃萎而落矣原本圍三尺許大半已枯丈餘外横出二枝圍近尺自根至杪高二丈許證之省志一一吻合又名娑羅樹俗稱波羅花聞大理亦有之省城惟土主廟及安寧州温泉谷有一株現在土主廟已無此樹矣揚州阮福獨臆断為木蓮花作木蓮花説引長慶集為證載通志特葉與蕊不相符雲南府志有按察使常安紅優曇花記記作於雍正庚戌夏五日今祇存白色一株耳誌之以俟博雅君子辨正焉

初八日晴 繩之雨山先後商件均久坐昨記優曇花一節為棘下村官所聞今日從鄉間覓十餘枝來花葉正復相同鄉人則稱之為波羅花無論

為優曇爲木蓮可見此樹滇中並非罕有一入文人學士之記載便有許多附會天下事大抵如斯盡信書不如無書我於此花亦云夜雨

初九日晴　小秋蘭生先後商件庶熙來久談

初十日晴　青甫来商件携庚寅辛卯兩年手擬疏稿去尹文案調元代擬鶴慶書院兩联一曰江山萬里無塵喜諸生投戈講藝廣厦千間鹿洞鵞湖師北學禮樂百年趨化卜此後跨邑連都頌聲一片神駒天馬盡西來（州有龍馬洞）一曰我慕陽明所至以天下學校為意此亦鄒魯其人與中原文獻抗衡兩联氣息均好因用長联其我慕一联他處亦尚可用也○

第二聯爲意擬改自任其人擬改相期

十一日晴　三營首縣先後回事又見客二起　普安廳事電商錫帥先將大概情形入告接據復稱定於十三日會此間前銜具奏接理少溥藎臣顧來函托爲其外祖前東川營叅將恆明談法歸櫬事（咸豐三年殉難）當即函致現署東川府塞修甫僉咸查復署會澤令王子常德中猝患中風此好官也以叅革兩事專差貽之

十二日晴　小秋商件又見客兩起檢點應發摺件

十三日晴（午後微雨）　小秋兩山先後商件又見客一起　拜發四摺一片○謝○賞福字摺○張曾亮請升龍陵同知摺○方宏綸請調文山縣摺○吏部駁查富禄保案聲明請照原保給奬摺○陳時福姚守毅

等請分别留滇補用差委片

十四日晴 蘭生循陔先後商件午前微雨一陣

十五日晴 繩之小秋先後商件又見客一班兩起普廳之後傳聞異辭委謝令宇俊前往密查謝令係普安廳人也昨亦以所聞電知錫帥矣

十六日晴 達泉商件中軍城守營首縣先後回事又見客一起

十七日晴 午前微雨 夜大陣雨 小秋商件蔣伯華寶英出差宣威請示以應辦事理詳告之校對許節山先生印芳增訂三字經付刊便兒孫輩破蒙也

十八日晴 午間微雨 見客三班接總署諫電問漢龍関地段方位即電騰越鎮廳查復接錫帥霰電言普廳之役已委員往查矣

十九日晴 小秋蘭生先後商件又見客二起 昨接騰越鎮廳查復古勇五寺
董大寨地名里數本日電復總署
二十日晴 岑省三辭回開化劉雨山辭回普洱青甫商件中軍回事又見客
一班黃呈祥自普安廳帶兵回省述知歸順營地方蹂躪情形至今居民
逃避山洞不敢復業恐釀他變燈下擬電商〻錫帥明早用密碼發
二十一日微雨 小秋商件中軍城守營回事又見客兩起接杭宅平安
電二十發黔撫箇電 滇緬界務炘耘向英外部議有端緒於永
昌騰越各土司邊界均稍有展拓昨電致騰越鎮廳就所指邊
外各地名及道里遠近先行查確繪圖以備考核閱電抄咨西道放
張廷燎河南人給事中本月十九日諭旨也

二十二日晴 序帥過談見客一起手政松錫帥書詳論普安廳事旋
接本日馮電言劉燕飛已於安南地方拿獲普安查案並辦安撫
已委曹守昌祺前往請派員會查等語即日復以曹守去愜當〻
並此間無須派員
二十三日陰雨 楚卿商件又見客兩班
二十四日雨 箇舊廠紳分發廣東候補道李文山光翰來見詢悉近
年廠務日有起色每年可銷一千五百票每票准運二千五百觔 錫價亦高
每百觔可售九抄銀二十二兩約八成銷廣東二成銷四川記得十六年冬初巡閱
並蒙其特派銷一千一二百票每百斤價亦祇十四五兩據云承平
時按年可銷四千票惟價不過七八兩此項爲滇產一大宗亟〻未竭

真所謂地不愛寶哉惜乎各處銅礦無與旺相耳 閱電抄鶴麗鎮缺
即放李維述該故員自廣西右江鎮開缺後抑塞十年至此重邀○○
恩命已不及見倒張無命欲如何是固數有前定也
二十五日陰雨見客一起 閱電抄鶴麗鎮改放岑有富 此摺係上月二十八日拜發二十三日奉○○旨
到京特快 近來風氣所趋人心浮動訛言〻起有特而中於與正不能無感觸也接總署
本日有電將聚仁舊武兩甲誤作為繪在紅界綫以內校見前月二十八日奏件深為
詫異查係從前光緒十二年○欽差分界時原送地圖誤將聚仁繪在南丹
山〻西北舊武繪在南丹山東北所致其實該二甲均轄屬在南丹山界綫
外〻東南也爰據前安平廳覃克振繪所呈歸仁里八甲全圖內所載
方位道里詳細擬復即晚譯成密碼明早即發填宥字

二十六日霽。為自兄種牛痘。繩之小秋商件中軍回事又見客一班感觸時事意
興闌珊手擬片稿續假一月作爲小山書寄榆石炕屏一堂皮緬並
普茶鹿蹄數事并寄惠夫浜假袍褂一套烏銅墨盒一對枕套生
之弟禾生帶湘易寄蔣幼懷鹿蹄普茶兩事接菘錫帥九日
手書洋洋二千餘言述普安廳事特詳其精神亦加人一等哉
二十七日霽。微雨。小秋青甫商件檢點應發月摺
二十八日雨。蘭生商件中軍回事年來靜觀時局根本大傷杞人之憂
莫由自解決計續假一月徐圖退志拜發三摺兩片。蒙自回一百
二十五結奏報摺。陸德成借補威遠營叅將摺。游擊守備遵例迴
避揀員調補摺。請續假一月片。都司李信請改獎片

二十九日霽下午陣雨　小秋商件接錫師本日電劉燕飛已解省訊明日堂訊正法並稱俟曹守查案回省再行奏報竣事即復之填東字

五月朔日晴　小秋商件接總署勘電仍論聚仁畬武兩甲事現正電詳細查馬守世麟覃丞克振俟查回再復

初二日晴夜大雨　金應熙辭赴鎮遠任段另山長佑丁外艱回籍來見接尉庭二月初二日信寄來各處年節回信並壬辰節敬原單

初三日霽　接臨元鎮何雲樓秀林電言染受時疫瘴氣傷疾一時舉發醫藥罔效恐此生不能上報 國恩仰酬憲德等語閱之可駭當即復電慰解之亦不知趕得上否也近年蒙自時疫甚重戕於無歲無歲無之昨聞該鎮署中親丁僕從已死亡十餘人行且遠及本身

矣又可怪者自去年十一月間新授普洱鎮慶連到省即病故後今年繼之以署昭通鎮劉興鶴麗鎮吳永安委署鶴麗鎮尚未出省之李維述今臨元鎮又將繼之矣半年之間鎮台如此多故豈不奇哉

初四日雨 繩之、小秋、楚卿先後來商件 子衡丈接試殘事來見 婺首李松生云氣宇甚好 蒙自綫斷雲樓吉凶無耗深馳系系 湘戈什千總劉振凱隨余當差先後二十三年貌戾而心直有子不肖憂鬱結成疾近以舉事失當會逢其適一病不起數有前定可悯也

初五日雨 昨晚亥刻蒙自綫通接昆山電雲樓竟於初四日子刻出缺 兩月之別數日之病老成夙將又弱一个悼惜深深當以馬介堂維騏調署臨元鎮以記名提督楊越齋國發接署普洱鎮馬維騏未到

任以前仝城守營參將劉春霆鋭恆特往護理以地方緊要又值更換管會帶之際不可日久無人統率也端節祀先並酌戚友

初六日雨 小秋商件庶熙定九日啟行復來一晤又見客二起○本衛门照墻東偏繪四獅西邊偏繪六虎相傳獅應四司道虎應六鎮去夏多雨西角塌去丈餘六虎均沒旋即修復近因各鎮多故言之者並神其說其理安在不可解也

初七日晴雨間 青甫商件又見客一班兩起

初八日晴雨間 序師過談繩之蓮泉小秋均商件首府縣回事又見客一起復總署勘電

初九日晴雨間 小秋商件 蔣伯華宣威查案回省偕尹管帶光祥同見又見

客一起

初十日晴 見客一班一起 接總署庚電 問天馬闗是否早經淪入木邦 即電飭騰越鎮廳查復

十一日雨 蘭生商件 兩中軍回事 接三月廿六日鎔孫安稟

十二日晴 見客一起 由驛遞回四月十一日批摺（三月十五日拜發）請假片奏 奉硃批着賞假一個月 騰越鎮廳查復漢龍闗地段方位 即並復總署 填電元字 明早發

十三日晴 見客一班

十四日雨 小秋商件 又見客一起 雨澤已多 又急盼晴霽 去年省城及近東各屬歉收 今年小春尚稱中稔 而至今米價每斗仍需銀二

雨四五錢市斗一百二十觔專望歲事有秋方可漸紓民氣萬一再有水旱
大局真不堪設想憂國願年豐與境惟身歷者知之耳
十五日雨　楊越齋辭赴普洱任又見客一班手復崧錫帥書明早發
十六日霽　青甫商件許右之自石屏到省来見又見客一起復總署庚電
十七日雨　小秋商件拜發兩摺兩片。臨元鎮總兵何秀林因病出缺
請旨簡放摺。委署總兵片。蒙自関道造商名貨物細冊
請添書識並辭餉開支經費摺。丁澤化等請改獎片
十八日晴　悦喬辭回豹甞釐局手擬遵例擬定正陪請補普洱鎮總兵疏稿
援總署四月二十二日公函向暹羅界務商務情形即行局轄移迤南
道查復

十九日微雨　小秋商件石晉卿赴宣威讞獄見辭　並致總署效電暹羅
情形已飭迤南道密查具復俟復到再達
二十日雨　循陔商件並告知明日府考
二十一日雨　绳〻蘭生先後商件　首縣回事又見客一班一起二月間
駐節臨安右〻照料甚周現在到省命楨兒酌〻以荅其意邀
陳蘭卿直刺陪
二十二日晴雨間　青甫商件又見客一班序帥請○陛見亦未叫夜
大雨傾盆歷一時許可慮〻至
二十三日霽　绳〻小秋商件　奉到四月二十三日○批摺係三月二十
八日拜發

二十四日霽　竟日無客閱電抄沈妹眉少司馬源深作古迴憶樞垣共事深佩其沈潛謹慎氣度端凝決爲大用之才乃年近五旬遽爾化去殊可惜也

二十五日晴　繩繩商件中軍回事又見客二起

二十六日陰午刻雨　小秋商件首縣回事又見客一班接總署初三日五百里來函重寄滇越界圖一分即論衆行奮武兩甲事也孜崧振帥陳六笙書人來求我我去求人真無如何耳夜雨達旦焦灼不能成寐

二十七日陰　小秋商件復總署初三日信明早四百里並發飭首府縣禁屠行晴

二十八日午前晴後微雨 中軍回事王子常德中銷假赴易州任

二十九日午前霽後雨 小秋商件 記名提督楊蔭貴請咨進京見薛 昨晚手擬瀝陳病狀摺稿一件 今日復加收拾 即付繕寫 夜雨又達旦

六月朔日霽 竟日無客 接四月二十一日鎔孫安報

初二日午前晴後陰 見客一起

初三日午前晴後雨 小秋青甫先後商件 手擬夾片稿一件 附入瀝陳病狀摺 早間大晴 竊盼從此可以久霽 乃未申以後 一雲即雨 湖水日漲 吁可危也

初四日陰 繩之商件 中軍回事 同慶豐王興齋熾來見 言吳靜堂鎮軍家事 聞之有足慨者 蒙化壬辰庶常趙稚鴻國泰來拜 以二十金賻之

初五日晴　楚卿蘭生商件又見客一班　冒小山解銅引8見回省帶到
陳舫仙戚樸人各信均附寄件　本日天氣大開南園同知報水
退丈餘冀從此暢晴斯大幸矣
初六日大晴　青甫商件中軍回事　叢牘神誕躬詣行禮
初七日大晴　繩繩小秋先後商件又見客一班　閱卷委員　南園報連日水退
三尺餘目前可無他慮矣苞穀洋芋次第上市粮價當可漸減　夜微雨
初八日霽　首縣回事委辦鄉闈供給熙獻廷珍吳彬卿申祜兩令同見午
後間有細雨雲薄即散　同兒三月間出水花四月間種牛痘痘後腹瀉兩旬
餘又患咳嗆近更發熱蘭卿診之謂肝熱已極擬用竹葉石膏湯而
不敢立方當於初五日請狄青臣大令知懔診視則謂病屬脾虛非溫

補不可進以附桂參〻底苓朮等品服〻有效三劑而熱退身安如常
嬉笑矣甚矣醫〻不易言而服藥〻不可不慎也
初九日雨大不 绳〻小秋商件拜發四摺四片○擬定正陪請補普洱鎮摺
○開化鎮後營游擊員缺仍請以陳偉請補摺○部駁川鄂籌解滇餉
出力人員請仍照原保給獎摺○參將李尚榮等請留滇補用片
○提督楊發貴送部引見片○守備李嘉瑞等更正保案片
○瀝陳病狀懇請開缺摺○附夾片一件密 近年水土不習受病頗深
而又萬目時艱無能補救久居高位實切疚心惟有奉身以退自保末路而
已非敢自外也言〻慨然奉到五月初九日批摺四月十二日拜發
初十日霽 序帥來看久談又見客一班申亥兩時均有陣雨

十一日霽　小秋商件又見客一班一起日中陣雨夜又雨

十二日晴　楚卿来看又見客一班一起日中陣雨甚大章江湖諸水前經數日晴霽均已歸槽長水無多不致礙事也冒小山解銅到省見歸矣府班帶解軍火回省昨晚便衣進見因足疾未能穿靴也○

余自庚寅正月到省詢悉同鄉官幕眷屬流寓滇垣而無家可歸者不下五六十户其間不能舉火貧乏者多因仿湖南矜恤會之例創定章程自庚寅三月為始凡滇籍之窮而無告者每名月給銀八錢先儘孤寡其失業而有家累者亦酌助之捐項即以八錢為一分余倡捐三十分同鄉官幕各量力認捐概不勉強現在月收七八十分月支六七十分尚屬有贏無絀恐余去滇後此事遂廢因議將余名下三十分置産收息以期可久本

日成交房產五處有典有杜計價銀二千一百六十兩月可收租銀十五兩三錢歸於江會館經理以後再置九兩租銀之產即可以此三十分為根柢後之來者當可維持於不敝矣一切均托陳南卿直刺鶚料理極井井有條也此雖非民事亦令到滇後問心得過（心安理得）之一端耳因詳識之

十三日陰 見客一班鹽道呈核十八年分奏銷冊是年計實徵稅課銀三十三萬一百四十二兩零內解司充餉銀二十六萬八千兩

十四日陰感受微寒昨晚亥刻起寒熱交作天明始退今日青臣來診用六君子湯加蘇葉前胡等味竟日渾身酸軟頗形疲弱

十五日雨 寒熱未淨青臣來復診仍以昨方加減

十六日陣雨二次 仍服青臣方身體較昨鬆動小秋來向便衣見之汪

輝遠守柩回籍將為晉京引見計也
十七日雨 繩之来看并商件便衣見之請青臣後診言外感將淨惟
氣分尚虧仍照前方加減 霖雨不止湖水又將漫堤堪虞憂甚
十八日陰雨 仍服前方氣體漸就痊可本日雖無大雨仍不放晴幸湖
水尚不甚漲日内倘即開霽當可不致成災惟未知天意如何耳
十九日時雨霽 小秋青甫先後商件均便衣見仍服前方雨仍不止焦甚接
杭宅平安電十六發
二十日晴 傍晚微雨 楚卿商件便衣見請青臣易方言病已退盡惟
心脉较弱耳 自辰至申大放晴光精神一爽惜下午雲起傍晚
微雨尚幸不大惟盼即止也

二十一日午前晴後微雨 繩之商件中軍回事均便夜見

二十二日霽 薌林蘭生先後商件接天津司道電[稱]順直大雨五大河同時漫堤潰口京城積水數尺幾成災較十六年尤大奏准將順直賑捐展限一年請飭廣爲勸辦等語正辦慶典又遇大災國帑既虛民財亦匱天心人事咄咄偪人[相偪而來]杞憂其有底止耶夜又雨

二十三日晴 序帥過談檢點應發摺件 夜又雨

二十四日陰 小秋商件拜發四摺四片○李正洪請補守備摺○蒙自關一百二十六結奏報摺○又一百二十七結摺○又一百二十八結摺○善後局撥用蒙關六成洋稅片○毋並送部引見片○周政並案留滇差委片○李光樞更正保案片 今日東北風大作可望暢晴

二十五日大晴　⑧萬壽花衣第一日　前（昨）晚小有腹瀉　今早腹痛甚劇　係積滯感寒所致　用龍涎香和入洋藥吸之　兩口即止　下午一切如常　惟覺疲軟而已　本日天氣暢晴　爲半月來所未有　各湖報水退尺許　均在誌樁常度以内矣

二十六日晴　⑧皇上萬壽受賀　因病未能到班　接兼尹孫燮臣府尹孫駕航電報告災　即約繩之來商　同序卿各捐廉銀一千兩　直隸亦如之　順直情形相似　不必再候合肥電告也　手擬電報兩件　明早即發　款由百川通電滙　接總署二十二日養電　因法暹有事　屬查車里土司所屬毘連暹界邊（地）界名稱　以備辯論

二十七日陰　發順天直隸捐賑電報　約本城紳士教諭段之屏來商論車

里界務上年曾委令前往查勘繪圖咨送總署此次仍擬委往詳
細覆查也請飭青臣復診云脈氣已有起色仍照前方加減
二十八日晴 湖水日見消退天氣亦已暢晴各州縣送報水災情形均不甚
重尚從此兩暘應候不忒雖有偏災尚可設法補救也冀幸之餘尤深盼禱
遞回五月二十七日○批摺四月二十八日拜發二次請假摺奉○○
硃批着再賞假一月欽此
二十九日陰 小秋青甫循陔先後来商件 氣分猶弱仍服青臣方
夜微雨接合肥謝賬捐電
三十日陰 小秋商件復總署養電作陳昆山劉雨山陳甄甫信
均言滇暹界務事

七月朔日陰微雨　花衣第七日　繩之商件　是日赴衣冠見客　四川筠連
陳氏名世鎮世鏢世銛弟兄三人　先後以牧令殉黔難　世鎮之子先洋亦隨
父殉節　奏准於本籍合建一祠　世銛即陳春泉先溶之父　春泉余亦最契
重者　茲以專祠落成　求撰楹聯　候補州同先湖　屬尹海秋代擬　未愜　燈下為改正之
聯曰　文章氣節義萃一门　難為弟難為兄　碧血灑黔疆　為全天地间
特留此正氣　俎豆馨香自千古　有是父其有是子其　業泥留榮錦里　匡綱常內才繼
是莫完人　自覺頗有氣魄也　政總理衙门書　先述暹羅界務大概
情形　夜陣雨
初二日午前晴後雨　小秋商件　又見客兩班　青臣来　易方　夜雨
初三日時晴時雨　小秋商件　又見客兩起　上海道聶仲芳轉来薛𡟮耘星使

電屬查虎踞岡四至地名當飭滕越鎮廳速查電復
初四日晴夜雷雨 小秋蘭生商件又見客一班一起
初五日午前晴後微雨 志櫻銷假又見客一班一起棧子社電當作復電應之並
告知家中三孫女定於八月初四日起程送歸
初六日晴 見客三起令楨兒往奠吳靜堂軍鎮軍
初七日大晴 繩繩商件又見客一起三媳生辰酬應如年例
初八日晴 小秋達泉循陔先後來商件夜雨
初九日霽 繩繩商件又見客一起接戶部咨文〇〇皇太后六旬萬壽
查照乾隆年間成案自王公以下內外大小文武百官應行報効捐助經
費統於本年秋季及明年春季應領廉俸內各抽扣銀二成五釐

等因单開雲南共銀三萬二千六百兩通計在京王公滿漢文武百官
共報効銀二十六萬三千九百兩外省文武大小官員共報効銀九十四
萬三千兩統共京外各官報効銀一百二十萬六千九百兩係六月初
五日軍機處會同總辦○○萬壽慶典王大臣奏案當即咨行
滇黔兩撫兩提暨兩藩司一體移行遵照
初十日晴　青甫商件中軍回事又見客一起夜崧錫師書
十一日晴　勉之學使來棚科試畢来晤繩之蘭生先後商件中軍回事
又見客兩班接總署蒸電飭查普洱臨安兩府南境緯綫度數
及形勢地名當即分劄檄行遵照本日見客稍多頗覺疲乏
十二日晴　楚卿小秋先後商件又見客兩起接五月廿五日家信仲良来

電請開缺摺初五日到京奉８硃批賞假兩月毋庸開缺８天恩高
厚未許歸田屬體交離深虞曠職不禁感悚、交縈也本日時有小雨
夜率兒孫輩恭接 祖先滇中亦行此禮聞貴州並同皆緣素多客籍也
十三日晴 行中元祀 先禮 鹽道解七月分養廉報効８８慶典經費
自本月起遵照部文扣二成五厘銀二百十三兩八錢五分一年爲止
十四日晴 見客三起 一班昨晚接崧錫帥元電、述普廳保案即復、、聶仲
芳轉來薛牀耘電再查天馬關四至地名當電騰越鎮廳查復
中元節晴 見客三起 午刻祀 先接總署六月二十一日密函論法
暹界務並寄法使所繪原圖當即交局照繪數紙分別行查
存案 夜雨不小
十六日晴 本日無客頗資休息藉以料理三孫女回籍事宜夜又大雨

十七日晴 午刻祀 先中元禮畢 繩之小秋商件 接總署六月廿四日五百里夾板復奏歸仁里界外防軍已商明法使俟法兵接防到日再行撤回界內當即分別撤行遵照 夜微雨

十八日晴 見客三班 由驛遞回六月十九日8批摺係五月十七日拜發 又奉到六月初六日8寄諭一道 飭查如有精通天文醫理卜筮數學熟習堪輿之人咨送內務府聽候取用

夜雨又不小

十九日霽 青甫商件 又見客一起一班 委知州黃忠勳辦馬白都竜防務 劉雨山寄到車里十三版納界圖眉目頗清 擬飭局照繪一分先送總署

二十日晴 薌林小秋商件 兩中軍回事 又見客一班 聶仲芳轉來薛姓耘電 向邦杭邦欠實在地址 當飭騰越鎮廳查復 邦杭即虎踞關 邦欠即天馬關

二十一日陰微雨 繩〻小秋蘭生先後商件又見客一班

二十二日霽 小秋商件中軍回事又見客一班一起

二十三日大晴 見客一班接上海道電妹耘催問兩國界址即日就大概情形發巢電先復〻接伯葵五月初十信寄到董孫世兄誠謝函並韞卿師年譜

二十四日晴 繩〻商件又見客二起

二十五日晴 青甫商件又見客一班燈下作戴延甫信寄行知

二十六日霽 楚卿小秋先後商件中軍回事又見客三班拜發三摺三片○擬補都司部議迴避查明聲復摺○調補守備員缺摺○借補守備員缺摺○總兵分別回任調署片○更換防營營帶銜名片○張樑請開參將底缺以總兵留滇請旨簡放片

二十七日陰微雨　繩之循陔先後商件　尹陔戴延甫書寄出「並寄行知」

二十八日晴　序帥来久談時將入闈　石晉卿見

二十九日陰　蘭生商件　上海道轉來姊耘浸漾電并續查兩國地名里

數即飭鎮道速查併復

八月朔日晴　小秋商件又見客一起　部署三孫女東歸　殊形碌碌

初二日晴　小秋商件又見客一班　接騰越鎮廳蕭電請派員會勘兩國

界址即日照復之　主考進城　正吴雁舟嘉瑞長沙人　副陳子礪伯陶東莞人

初三日晴　中軍回事又見客兩班　啟全應熙　劉海珊書均托照料孫女

歸程事○正主考鄉榜丙子是年余監臨試事業　用門生帖亦俗例也　楫兒送至楊林

初四日大晴　三孫女回杭已刻登程內眷均送至歸化寺倩穆孫族姪

送歸家人派趙福差弁派周連得追遥萬里頗非容易也接翁小山
喬梓澧州書復張奉森信來函以姚子樑所刻初勘緬界記
為言意殊忿激為解釋之
初五日大晴 蘭生商件中軍回事又見客一班由驛遞回七月初五日
批摺係六月廿九日拜發請開缺摺奉 硃批着再賞假兩箇
月毋庸開缺欽此 天恩高厚感激何極夜雨大雷
初六日大晴 考官入簾 賞假期內未能赴宴勉之學使來談小秋商件
中軍回事○本衙門養廉定額二萬兩向由藩庫開支銀四千四百
兩鹽庫開支銀一萬五千六百兩各扣除軍需減三成並六分平外
藩庫實開支銀二千八百九十五兩二錢 按月應支銀二百四十一兩二錢六分六厘 鹽庫實開

支銀一萬零二百六十四兩八錢 按月應支銀八百五十五兩四錢 此次報効88慶典經費銀二成五厘計每月藩庫應扣銀六十兩三錢一分六厘鹽庫應扣銀二百十三兩八錢五分共二百七十四兩一錢六分六厘通計一年共報効銀三千二百九十兩謹記夜雨

初七日陰雨繩繩商件 慶楨生日未初自楊林歸 會澤令曹衍灝稟報該縣寗靖里花木梁子山忽然鳴吼於六月十四日迸裂一角儼如人行並距山八里之鄉村皆倒被壓房屋百餘間其居民陰出外及在田耕作外餘皆湮沒共計二十二戶而一路墳墓地土則皆無恙此亦奇聞也天下理之所必無竟為事之所或有有如是者

初八日霽 蔣伯華見又見客一班接六月二十四日家信附子社函詳述

里中近事甚有趣味。本日丁祭，請學台主祭。

初九日晴　首府縣先後見。穆孫初七至馬龍，有安信。

初十日晴　鄧帥来久談。黄牧忠勳辭赴開化軍營，以邊防大要詳語之。改定請將吾任雲南藩司曾紀鳳政績8宜付國史館立傳摺稿。鄉試頭場題：達巷黨人曰一章；来百工也兩句；君子存之。賦得卷幔山泉入鏡中，得泉字。本科實進場二千八百九十七名。

十一日晴　忌辰，無客。專差回，接錫帥初三日復書，語甚詳。（即電復數語）

十二日晴　小秋商件，又見客兩起。滇垣市斛以一百二十斤為一斗。庚寅、辛卯兩年米價特平，貴不過十六兩（每石），賤不過十四兩（兩）。自上年被水成災（小民苦之，專賴平糶為生活），日漸增長，至今年六七月間幾至三十（兩）以外。近日新米上市，新興昆

陽祿豐等處早稻收成尚好來海漸旺今日向價已落至二十兩有

奇貧民什合〻需頓形鬆動天氣暢晴中晚二稻陸續收割此

歲事一大轉機也書以誌喜

十三日晴 穆孫旋里澄井將赴星貢釐局帳房事暫由楨兒經理亦

尚井〻有條目來料理節務諸已就緒矣偶患溏泄日三四遍尚不覺累

夜四更後陣雨甚大

十四日晴 小秋商件 接穆孫初十日平燊安報 奉到七月十五日8

寄諭一道飭查候選知縣趙秉仁籍貫履歷 因一官兩員吏部奏請查辦

中秋節晴 近日暑中戚友漸少晚設一席溏泄止收效於天生磺、

十六日午前晴後微雨 楚卿商件 劉俊德辭回騰越又見客兩班三場竣事

場內場外一律平安

十七日霽　繩〻小秋蘭生先後商件又見客一起夜雨聞雷

十八日微陰　小秋商件又見客一班手擬岑有富請緩陛見片稿

十九日霽　中軍回事昌小山接辦六城釐金來見

二十日陰　為奎兒聘茗筆〻第三女家中今日行文定禮伍署戚友

亦均道賀午間備麵席　澄妹赴呈貢釐局

二十一日陰雨　中軍回事序帥本日出闈近日微覺受寒作欲嗽未

嗽〻勢請狄青臣開方服〻

二十二日霽　序帥出闈過訪談場務甚詳坐久〻　繩〻商件晉

滇府缺以陳宗海擬補合例各員中名次在前也

二十三日晴 小秋商件 秋穫屆期陰晴不定間以微雨者五六日正深焦
念今日暢晴心神亦爲開爽倘得二十日晴霽則歲事告成矣
二十四日晴 奉到七月二十三日〇〇批摺係六月二十四日拜發接穆
孫安電本日行抵貴陽發中秋節在罐子窑老程一日定二十六日由省赴
鎮遠行程安穩可慰也 薛妹耘催問兩國界址由上海道轉電
二十五日晴 蘭生商件又見客一班改署滇臬黃讓卿同年信托送兩呈
考程儀五十兩以章各俟有便人寄還
二十六日晴 勉之粵使來久談小秋商件又見客一班接騰越鎮
道廳查復兩國界址詞報
二十七日晴 楚卿商件又見客一班就騰越鎮廳查復虎踞天馬兩

國界址情形發沁電先復薛姓耘由上海道轉仍將未據

查明各節電飭鎮廳續查具復

二十八日晴　繩〻商件滇黔兩闈均報初五日揭曉

二十九日晴　繩〻商件小秋先後黃麓湖金衔卸麗江府事到省來見又見容

一班昨接騰越勘電尚未明晰本日復作豔電詢〻

三十日晴　中軍回事又見客二起近日歸仁里邊外游匪猖獗黃牧

忠勤甫經到防未及布置飭局電知開化鎮府就近派隊援勦

以免蔓延檢點應發摺件

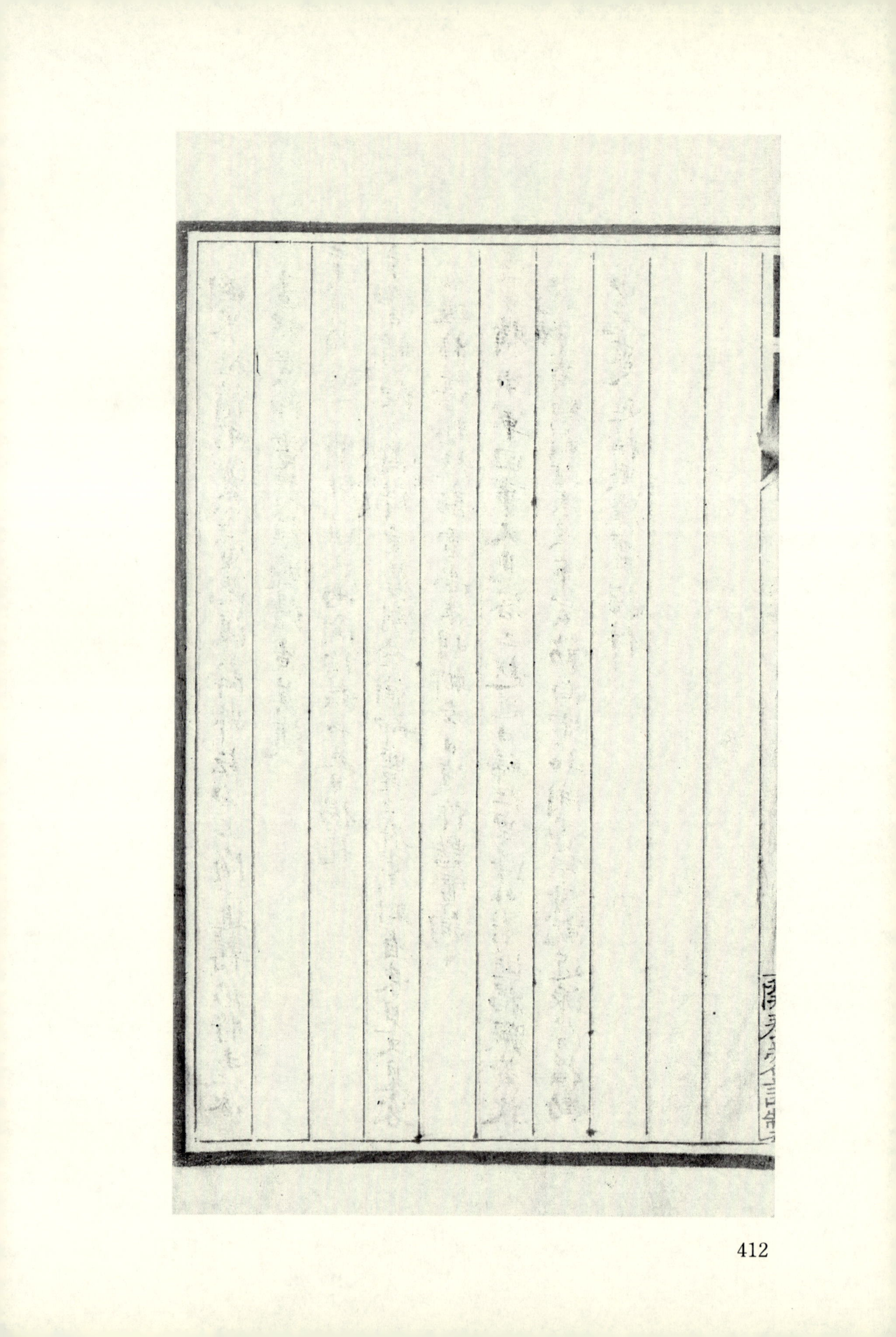

癸巳九月

初一日晴　中軍回事又見客兩班燈下以四聲教奎兒數字之後頗能領會隨口試之應聲皆合此事自關天分得之五歲孩童亦可喜也作蔚庭信寄年敬单

初二日晴　小秋循陔先後商件　先光禄九十五歲誕辰率同兒孫敬謹享祀

初三日晴　普洱府蕭綺樓鳳儀開缺過道班来見又見客兩班拜發三摺兩片○蒙自關一百二十五结至一百二十八结奏銷摺○部庫提解四成洋税請開支滙解綫費片○新授鶴麗鎮岑有富請暫緩陛見片○原任雲南藩司曾紀鳳政績卓著請

宣付●國史館立傳摺○賞假期滿病體未痊仍懇8恩准
開缺並求降等改補京職勉圖報効摺
初四日晴　小秋商件中軍回事又見客一班接錫師二十七日書普安廳
保案二十五日拜叢會前衙接三孫女二十四日安稟貴州省城叢致此時
計可安抵鎮遠矣
初五日晴　文闈揭曉原額加廣共中六十四名副榜九十名經正書院肄
業高材生共二十二名入場計中式者李坤劉鎮藩等十●人亦云盛矣
提調英鄰林監試錢青照甫出闈来謁言場務始終清吉蘭生商
件中軍回事又見客一班接薛炜耘六月廿四日倫敦来信言滇
緬分界事将有就緒

初六日晴 小秋商件 兩中軍回事

初七日晴 绳之鄉林青甫先後商件 又見客一班兩起 閱電抄會稽人諸成博奏科場舞弊一案 查出丁憂內閣中書周福清差人迎至蘇州向浙江正考官殷如璋呈遞書函 開有考生姓名五人許銀一萬兩求通關節情事 此大獄也 士伸無行至此 本人身罹重罪殊不足惜 特不免爲浙人之羞耳 可慨也夫

初八日晴 見客兩班 大半皆禀銷闈差者 刪定奏稿一件越南游匪竄擾邊界派兵勦辦情形 接穆孫初四日鎮遠來電 知已於初三日到鎮遠 一路平安 定初六日開船下駛 深慰懸念

初九日晴 鹿鳴筵宴 因病未能到班

初十日陰　正主考吴雁舟副主考陳子礪先後来拜　雁舟坐談久之執
禮甚恭　小秋商件　接七月二十三日杭宅安報賅悉琳眾夫人於是月二十
一日病故　掾持家計終年無一日閑　年逾六旬與余同庚　春獲抱孫之慶
我兩家誼同休戚聞之惋歎不禁　自己子社有信述近事
十一日陰　勉之過談　鄂帥謝賀伊孫爾銅本科中式　又見客一起
十二日陰　中軍首縣回事　又見客一起　拜發兩摺一片四百里　越南游匪
竄擾邊境現在派兵勦辦情形摺。陳宗海請補普洱府摺。
派中軍副將屈洪泰同考武闈騎射片
十三日晴　序帥過談　廣南守興鶴田祿到省来見　又見客一班
十四日晴　小秋蘭生先後商件　又見客一起　連日薛姊耘催問兩幽

界址並及促委員速赴八募商辦界務電報踵至今早適接騰越鎮

廳報虎踞關四至道里即作願電先覆之子微有腹疾服青臣方

十五日晴　達泉商件見電抄浙江題名錄除高爾夔之子姪輩記是白姓王儒寶記是小鐵之子外餘無知者府仁錢只中九人亦甚減色也青臣來復診

十六日陰　繩之商件又見客二起天氣驟寒可禦重裘九九天不過如此

十七日晴　雁舟星使來晤久談小秋商件謝春陔兆春恒辭赴元江

州署任腹疾漸愈仍服青臣方

十八日晴　子礪星使來晤小秋商件中軍回事又見客一班

十九日午前晴後陰　小秋商件又見客一班夜微雨

二十日陰微雨　兩圭考辭行青甫商件跋劉峴帥書寄曾擎民政

续請 宣付史館立傳奏稿並代吳雁舟言乃弟吳清鑑事接鈺孫

八月十一日安報又穆孫初四日鎮遠來信

二十日晴 石晉卿見中軍回事又見客一班由驛遞回八月二十三日

批摺係七月二十六日拜發接合肥相國八月二十一日書因鄙人乞病

拳拳維繫多溢美之詞可愧也

二十二日晴 廖帥過談绳之小秋先後商件又見客一班

二十三日晴 蘭生商件與鶴田辭回廣南首府縣同見昨騰越鎮廳

查復天馬關情形即作椿電致竔耘并告知委員彭牧繼志日內可

到八募。本衙门二堂恭懸 仁廟賜額曰敬一堂時雲貴總

督臣蔣陳錫三堂恭懸 憲廟匾聯匾曰平安如意聯

曰歲〻平安節〻年〻如意春時雲貴三省總督為鄂爾泰又二堂
有傳文忠聯曰勉效直方大常懷清慎勤旁署庚寅上元
為乾隆三十五年其時蓋征緬班師也韶以光緒庚寅上元後
一日進署相距正一百二十年（甲子兩周）矣誌〻以備鴻雪〻證
二十四日霽 兩主考起程均請假回籍長孫鈺孫擇於十月十六日畢姻
本日過禮午刻祀 先告吉杭宅專電来賀
二十五日晴 小秋青甫先後商件又見客一起一班
二十六日晴 繩〻商件中軍回事又見客一班近讀常熟蔣渭公
伊臣鑒錄摘勸部貽謀格言八則倩沈峒甫醝尹書成屏幅
兩分各綴數語於後一付楨兒一寄鈺孫俾懸〻座隅用資儆惕

二十七日晴　昌小山来見　閔雷抒　黃芍菴　少春楼福建陸路提督

二十八日晴　楚卿蘭生先後商件　又見客三起　蘭生之次子瑞清中江西鄉榜即辛卯中湖南副車以籍貫不符斥革者也　得此亦差足吐氣矣　手復覺庵堂陳甄甫各一函　均有公事

二十九日晴　繩之小秋商件　李香將德濊委赴東川查案辭四川合江縣人伍相臣以能相寓藩署蘭生約之来謂余一時未得即歸明年當有調動并言六十八歲尚有8息命　又稿視兒孫謂同官極貴　事屬渺茫姑妄言之姑妄聽之而已

十月朔日陰　張用宏卸昭通鎮調署開化鎮過省来見　又見客一班　改定摺片各一片　蒙自開關出力人員請奬摺　蔣玉棱等仍請留滇差委片　均稍兒起稿略加收拾

尚不費事接蔚庭廿六日電言沈師母款項事初二日所寄信已到快極
初二日霽 見客一班復鎮遠鎮和榮軒耀曾信因求撥快鎗指磨
給予毛瑟鎗一百桿配帶全 又筆碼二萬顆該鎮為滇照鎖鑰操
防利器自不可少榮軒老成夙將必能不負所託也昨日武備開考
與試者五百九十七人
初三日陰雨 小秋商件天氣頗寒
初四日午前陰午後晴 小秋商件又見客兩班接騰越電彭攸繼志偕英參贊
巴特納會勘定於九月十等日天馬虎踞漢龍各關界址即日電知林耘並復鎮
廳妥為照料仲良來電二次請開缺摺初二日奉旨仍賞假兩
月杏蓀亦有電來述合肥語意甚懇諄切天恩公誼致為可感奉

竊丞此出處進退亦（自）有前定特孱軀不堪久膺重寄不能不為。朝廷
攄實自陳耳
初五日晴　達泉蘭生先後商件又見客一起
初六日陰雨　繩ゝ小秋先後商件又見客一起接漢口電三孫女於昨午
平安抵漢定初八日乘輪下駛萬里程途（山川修阻）到此便可放心矣拜發三摺
一片。遵8旨查明一官兩人案內ゝ趙秉仁實係籍隸昆明摺。開
辦蒙自關出力人員請奬摺。蔣玉棱等仍請留滇差委片。
蒙自關第一百二十九結奏報摺閱電抄龔照瑗8賞侍郎銜以
三品京堂候補充出使英法義比大臣四川藩司放王毓藻發杭電告
知二次請開缺仍8賞假兩月發漢電囑穆孫到滬雇小輪船帶杭

初七日晴 花衣第一日小秋商件

初八日晴 張用宏辭赴開化任以邊防大局詳告之又見客一起作

崧錫師信

初九日晴 繩之蘇林小秋青甫先後商件又見客一起作錫師

加单兩件即日排遞

初十日晴 慈聖萬壽○○賞假期内未能到班叩祝是日無客

十一日晴 繩之楚卿小秋先後商件又見客兩起接讓卿信寄到

兩主考扇對並謝信 正劉福姚 副陳璧

十二日陰雨 小秋商件羅星垣倪翰卿兩山長来晤論機器局煙

沖有關風水事答以事關奏案未便改議惟有設法補救俾無

衡碍而已吴楚生来商計偕北上渡建水令史岳生建中信商已
故臨安守松相廷壎歸櫬事松辛亥年瘞也
十三日晴 見客兩班文武各一澄姊自呈貢到省
十四日晴 繩之小秋蘭生先後商件中軍回事又見客一班近日越南
游匪竄擾邊界都竜馬白同時告警電報絡繹派黃呈祥彭
惠俊兩參將率領所部兩營馳往防剿 悦喬自彩山碧色寨局到省
十五日晴 小秋循陔先後商件黃彭兩將稟辭準明日拔隊啓行
又見客一班都竜警報迭至批牘電諭亦甚旁午
十六日陰雨 本日長孫鈺孫授室賓僚謁賀均辭謝惟本署親
友早晚各設兩席內眷回漢各一席 下午祀 先賀喜戌刻接本

日梲宅賀電三孫女於十三日平安抵家兩年心事至此釋然
致馬鎮台電嚴飭函顧都竜
十七日陰雨見客一起送接谷路電報都竜甚危馬鎮接昨電必當
回顧但著黃牧飭堅持〻數日則事有轉機矣昌勝馳系
十八日陰雨繩〻小秋蘭生先後商件接黃牧十六日電十四十五兩日先敗
後勝得馬鎮派援營官白金柱〻力尚恐望省援緩不濟急又飭
記名提兵陸春由皈朝防營次就近招募一營限三日成軍馳往都竜應
援與其到在黃彭兩營〻前也武衛揭曉中五十二名連日陰雨
天氣大寒可穿青狐褂往年所未有也
十九日陰 序帥過談商都竜軍事飭白金桂添招一營以資固守待

援又見客一班本日尚無緊報何東山報十七馳抵馬白布罢情形

姚子樑辭回本籍修墓

二十日陰 下午霽 先太夫人諱日忽忽九年矣桮棬猶存追慕何極謝客一日小秋以軍事請謁便衣見之是日鷹揚宴接黃牧十八日來電自十五日白金柱獲勝仗後都竜當可站住矣竇宵報陸春嶂故販朝即飭張士春以臨平兩哨馳往都竜接應

二十一日陰雨 同兒周歲晬盤頗得吉兆亟署着戚友設麵席〔賓佳〕寅僚均來致賀概不收禮

二十二日陰雨 繩繩商件小秋回開廣道本任蘭生委善後局總辦同見謝又見客一班兩赵陳蘭卿直刺帶何丹谿師之嗣曾孫仍

卿鉊軒来見為言将赴江蘇料理迎眷歸櫬等事就其所述情
形為之籌畫一切以百金賮之作總理衙門信寄車里地圖另单
述車里孟連向来與緬甸交涉情形兩单寄杠奪
二十三日陰雨　許節山吳楚生同見　函致序帥論錢法敗壞宜設
法補救發總理衙門夾板夜雪達旦得寸許滇省亦罕見矣
二十四日陰　勉之學使辭行按臨楚雄大理科試止此兩棚矣廣南
府興鶴回禄　調署首郡謝委循陔請咨引8見缺天氣嚴
寒到滇後所未經重裘尚未温也
二十五日晴　繩之蘭生先後商件又見客一班快雪時晴精神一爽
二十六日晴　青甫商件又見客一班一起糧價奇昂經年不減貧民

日食维艰今年又適倚（值）奇寒滇人所未經凍餒交迫連日頗有死亡昨與绳々商定冬臘春（正）暫賑々法官绅辦大口二十文小口十文五日一给以救目前亦不過做一分是一分而已余先捐廉银三百兩以為々倡滇缺多瘠各隨心力不敢强人也

二十七日晴 與鶴田来告知初六日接首府印又見客一班杏孫来電言（有）88慶典攤廉々外直隸總督率提鎮司道報效點景銀三萬兩背憲另有貢物閩各省均如此云々孜蔚庭沁電洸宅提款先付協濟典息七年合錢滙（六千七百二十千）文眉五并並致杭電知照前事令滙到勿逾冬々月

二十八日晴 蘭生商件又見客一起 唐敏齋樹柟貴州候補同知直隸州己丑冬由湘来滇其時適署朗岱廳舍衣被度歲小住六日不無擾累茲以伍黔賦閒来此謀事告以就生不如就熟屬其速回許為致書 錫帥推轂並贈

其資斧不易以 軍機交片以後凡奏陳〇〇慶典事宜應用黃面紅裏摺
五十金賻之
二十九日晴 小秋商件又見客一班一起小秋性情伉爽辦事果斷惟賦
性太剛頗少含蓄營局三年招怨不少今將回任婉言勸之亦朋友
切磋之義也〇冬春籌賑定議官紳分辦官多賑外來流丐紳
專賑本地赤貧一兩之實二兩一繩之蘭生於此頗費斡旋也
三十日晴 接鈕孫九月廿日安報子社附書述科場案甚悉 周福清一
人承認幸信內所開考生五人有姓無名司讞者尚可不加深究耳 亥刻奉到初三日〇〇寄諭一道
來春應否接濟 遞回初二日〇〇批摺係九月初三日拜發 再請開缺摺〇〇硃批另有旨
十月朔日晴 馬鎮電報攻克黃樹皮黑河以內已無賊踪繩之蘭生
先後商件又見客一班小秋辭回任以歸仁里善後事屬之

初二日晴 藺生賞(商)件城内外兩文總查回事又見二(客)起 政崧錫(師)書言

唐樹桐

初三日晴 首府縣回事又見客一班 接戶部咨 88萬壽慶典 88金華

經由道路自西華门至西直门外幽鄉廣通寺止(鄉當)作廂應修房

屋舖面三千四百三十八間應設龍棚七座綵棚十九座經壇二十六

座戲臺十四座牌樓八十四座亭座六座點景(物)九處猗歟盛哉

初四日晴 楚鄉商件又見客一班 接總署江電内開明歲 88皇太后

六旬萬壽將軍督撫應率同本省文武各官專摺具陳於前

次奏明劃扣養廉外報効銀數若干請賞地段點景一俟奏

8旨允准即先期揀派道府大員来京随同辦理至各將軍督撫

藩臬都統副都統提鎮均應奏請來京祝嘏候旨遵行除由直督李轉行知照外先行擇要電知其奏請祝嘏一節並行知例應具摺文武各大員一體遵行除分別咨行外謹記

初五日晴 繩之蘭生先後商件又見客一起一班料理應發摺件

初六日晴 薌林商件又見客一班一起 致沈鹿坪常卿電商明年祝嘏具摺事又致杏孫電商報効點景具摺事并向傳相另貢大暑非孫燮臣同年來電提臨安松守故事本日復之謂當妥為料理俾得成行也 拜發正摺四件 夾片三件。許台身升補元江直隸州摺。岑應麟升補東川營叅將摺。李宗舜請補督標中營都司摺。蒙自關第一百三十結奏報摺。湯壽銘飭回臨安開

廣道本任片。副將馬中驥請復姓歸宗片。補用守備東川營把總王廷華聲濃保案片

初七日晴　蘭生商件　楚雄協張岐山到省就醫来見　又見客一班　一起與鶴田昨接首府篆遞釐遞還之遞回十月初八日○○批摺係九月十二日拜發

初八日晴　早晚微陰　蘭生商件　中軍回事　鄂帥過訪　向明年應否遞祝嘏摺未敢臆斷　為電請合肥相國酌示　并向署任總兵可否與爲缺一體奏請　並告近體稍愈　臘初銷假　緣八月書来極承獎飾慰留也　與錫帥電報往還　均論祝嘏事

初九日陰　微雨　繩之楚卿先後商件　又見客兩班　手擬銷假疏稿　興之

所患汩汩其来頗近自然近體亦叙有起色而明歲88慶典事
宜現已陸續接奉通行遵照辦理假滿已屆臘月初既勉可支持不敢再
行瀆請矣
初十日大晴 青甫商件又見客兩班合肥復電鄂帥及署鎮均應具摺
鹿坪復電所商照辦 杏孫復電報効具摺內請直隸不派員另貢畏述
大概昨日沈陰今忽開霽寒氣漸減
十一日晴 繩繩蘭生先後商件與錫帥電報往還仍論祝嘏報効等
事再電合肥詢報効摺內請免派員若何措詞又須豫擬三銜會
奏報効兩萬未識當否
十二日晴 鶴田來見又見客一起合肥復電言請免派員係援傅文忠

原奏外省派員辦理周章糜費不可枚舉等語，現奉8批旨聽

候部指撥該衙門知道，並未駁斥。滇黔僻遠，似更有詞。報効點景

合籌二萬，滇黔凋苦，似應共諒云云。當商之序錫兩帥照行也。

十三日晴。蘭生商件。中軍回事。歸仁里尚無警報。湘戈什張道然陸必順回

滇。冬至夜祀先。

十四日大晴。長至令節，假期未滿，慶賀尚未能到班。天色晴明，片雲不翳，

氣象大好。燈下恭擬報効點景銀兩疏稿。滇黔兩省三街兩萬

十五日晴。繩之來商定報効點景摺稿。胡岱青調署廣南府到省來

見，述昭通賑務甚詳。又見客一班。

十六日晴。蘭生晉卿先後商件。文職月課。十七日接總署篠電，妹耘向虎踞幽，能否彼此相讓

十七日晴　楚卿商件又見客三班報効點景本擬滇黔各一萬
本日接錫帥洽電言合肥奏稿已咨到　乾隆二十六年成案
有各省三萬之說似此則滇黔兩萬未免不成局面矣錫帥
因創改二為三之議頗為中肯商之庚帥及繩之並行也
十八日晴　繩之商件中軍回事據總署電飭騰越鎮廳查復
十九日晴　循陔暨談著東川守蹇修甫念咸到省來見復錫帥洽
電定滇黔兩省報効點景銀三萬之議
二十日晴　本日未見客官場每逢生日例於前一日預祝正可藉此謝
客接沈鹿坪效電論另貢事接錫帥十二日信
二十一日晴　寅僚見祝照例擋駕巫署戚友及同鄉熟人設三席昨

騰越鎮廳電回一味官話即照發賀電詰問〻又錫帥電來報効銀
兩意欲聽撥兩樽於報解與為序帥銀摺並到〻議正復相反詹言
初次和盧已成功今二次報効實出至誠仍循、初議為是發箇電初議
乃一面拜摺 接鈺孫電稟家中本日彩觴請客欲歸未得心竊往〻
一面滙解也
二十二日晴 繩〻商件又見客一班接錫帥本日電驚悉鎮青中丞於
二十日出缺年、甫六旬辦事最為深穩遽尔作古殊可惜也當作復
電慰錫帥
二十三日晴 蘭生商件中軍回事又見客一班騰越復賀電刪除官
話具有範圍當商〻序帥繩〻擬復繼署篠電也作合肥年節加單
二十四日晴 拜發報効點景摺 滇黔共三萬督撫三銜 會奏摺用黃面紅裏 蘭生二次商件

又見客二起 萧绮樓 冒小山 核定五華育材兩書院課卷及文職月課卷

二十五日晴 序卯過談應商々件甚多歷七刻許始畢 蘭生青甫先後商件首府回事竟日未能坐定 滇緬界務總署着條電 將次定議

二十六日晴 見客三班 接蔚庭十月二十信 公私頗有所述

二十七日晴 崑山卸署幽道回省 吴楚生會試辭行 均見 又見客兩班

部哥手擬遵旨部議請劃撥土藥釐金京餉又湖南協餉請酌量改撥摺片稿各一件

二十八日晴 繩々楚卿先後商件中軍回事 蔚庭寄到托買摺件由滬鄂文報局轉遞 十月十六日自京發本月初四日自鄂發此為最快矣 燈下作沈庚坪信托祝嘏事

二九日晴　崑山蘭生先改商件又見客一班燈下作錫帥信以鎮帥事慰之並因祝嘏專弁閩知一切

三十日晴　見客一班檢點應發摺件接蔚庭省電所述頗秘

十二月朔日晴　具摺銷假午後至撫藩鹽務三署各坐談四刻許順道拜客。因祝嘏事專弁晉京料理累日始得就緒准明日起程是日拜發正摺夾片各四件。病痊銷假叩謝。天恩摺。照案劃撥藥釐京餉摺。請以蔡茂秩補雲州知州摺。請以段世芳補威遠營守備摺。請改撥湖南協餉片。游擊李長清請開缺歸參將班補用片。游擊曾瑞林請更名寶林片。原籍武職劉三聘干預命案請革職審辦片

初二日晴　見客一班午後出門拜客在臬粮鹽台署及崑山處均少
坐復蔚庭宥電並發杭電告知銷假並問珠寶巷曾辦過貢佛否衕甫赴大理電報局

初三日晴　蘭生商件午後出門拜客在五華經正兩書院及青
甫處均少坐遞回十一月初三日〇〇批摺係十月初六日拜發附
到軍機處知會嗣後陳奏事件每日不得過四封每封摺片
不得過三件摺內如有清單不得再行附片每日夾板不
得呈遞兩分如應奏事件較多即分日呈遞等因按光緒
十二年曾有此通行惟前係每封附片不得過三件此次係每
封摺片不得過三件是附片祇准兩件矣又如摺內有清單不得再
附片此係前次所無摺片頗有有清單而不能分開者惟此稍爲費手耳

接杏孫冬電駭悉許星文於三十日中痰出缺吾杭老輩又弱一个感喟深〻

初四日晴 崑山来晤甯州庶常朱經田家寶辭行進京又見客二起閱

電抄吏部左侍郎徐用儀在軍機大臣上學習行走浙撫廖壽豐外

豫藩劉樹堂調浙藩趙舒翹升浙臬聶緝槼升

初五日晴 蘭生商件又見客一起接杭宅本日復電 珠寶巷未辦過 貢佛沈款已滙出

初六日晴 中軍回事錫師電詢以先鎮帥營8急賜卹應否謝8

懇並屬擬奏稿未敢臆對為電詢錢子密宗伯燈下手定雲貴兩

省提鎮兩司道府年終密考 滇二九缺黔二十二缺共五十一缺除各項懸缺外計列入考察者四十一人

初七日晴 楚卿蘭生商件石阡州丁憂庶常張蓬仙瀛来拜胡岱青

辭赴廣南任又見客一班核定更換防營管帶銜名摺本年頭緒

較繁撈草均楨兒手稿稍有心力遞回十月廿八廿四廿二廿撈拜發（係前月記之誤列於此冊）（係九月十二）

初八日晴 中軍回事又見客兩班並首府縣奉到十月初九日寄諭 易俊條陳釐務

初九日晴 蘭生商件又見客一班午後至善後局久坐與繩之蘭生商

歸化里撈稿并籌辦鼓鑄事宜 錢法日壞每銀一兩僅兌制錢一千一百餘文而市價仍換千六百每百兌七十串窮民苦累不堪不得不亟圖補救也 接錕孫十月二十九日稟述喜事大段情形甚悉

初十日晴 見客一起戶部咨總稅務司經費自十九年五月十八日一百三十二結起每年准支銀一百八十五萬八千二百兩亦鉅款矣接陳冠生殿撰

晃訃文少年科第血性過人第天不假年深可惜也

十一日晴 繩之蘭生商件久談電閩浙譚文帥問閩省變通錢法新章是否每箇重八分擬仿行也昨晚子密電回言錫帥毋庸具

摺即復之

十二日晴 見客一起 政總理衙门文電請轉電外耘詰問英兵突至邦且寨尋仇燒擄事 燈下作翁外平大農書 鄧帥托詳達奏銷奉駁情形 接錫帥電 晋京專差昨已抵瀘 准十二日會同縣差起程

十三日晴 黎明即起 辰刻赴北校場閱看冬操 並演放開花砲 未正進城 是日序帥感冒未到 楚卿蘭生隨同校閱

十四日晴 赴西箭道閱看馬步箭 實缺守備止 候補游擊止 餘請楚卿蘭生代閱 手擬札飭藩司（遵通）試辦鼓鑄稿 仍循光緒十三年以前成案每錢重八分每千重五觔

十五日晴 鄧帥來久談 又見客一班 譚文帥復電言粵省現在鑄錢每文重八分五厘

十六日晴 崑山來談鶴田商件 又見客一班 試辦鼓鑄一事 序帥以前經辦

無成效意不謂並當門單銜札飭藩司妥籌辦理目擊商民交困
不能自已苟試之而不效庸我無憾耳仍將來往信函行司存參
十七日晴　青甫翻刻平平言工竣送閱并索弁言又見客一班出門奠
松相廷　孤寡蕭條情殊可憐當為之急謀歸櫬也拜發正摺
四件夾片一件○奏報本年更換防營管帶及駐紮處所摺○光緒十
一年分軍需報銷摺○更補本標中軍都司摺○請補並對調守
備摺○姚文棟銷差離滇片
十八日晴　蘭生商件中軍首縣回事又見客兩起手擬歸仁里軍務摺稿
十九日晴　繩之商鼓鑄事宜大段均有成議又見客一起收拾昨擬摺稿
頭緒冗繁頗費結構幸楨兒於此道漸已入門足資襄理藉以稍

省心力

二十日晴　中軍回事又見客一班年近歲偪米貴錢荒目擊時艱補苴乏術就見聞之所及與心力之所逮隨事設法已覺日不暇給矣忝居高位愧歉其何可言

二十一日晴　辰刻封印行禮如儀蘭生商件李季楣均壽部署辦緬寧釐金回省見手擬學政聲名密摺向只夾片近准軍機處知會以後摺內也有清單不得再加附片非改正摺不可矣晚酌親友設一席近来署中人少

二十二日晴　青甫商件首府縣回事又見客兩起

二十三日晴　新授迤西道張光宇廷燦到省晉見翰林御史有聲諫垣河南人也帶到李蘭翁徐季和許仙屏各信仙屏並寄贈曾文

正點揭鄧彌之詩集亭白香　崑山蘭生商件又見客一班接總署養
電復此間文電也本日又致總署漾電請催法兵接防黄樹皮等
處邊界
二十四日晴　繩之蘭生商件中軍回事
二十五日陰　忌辰無客連日陰寒重裘不溫滇中希有也檢點年
內應發摺件
二十六日陰　張光宇觀察謝飭知赴任晤談有頃午後出門訪彥師久
談勉之與使由楚雄回省往候之並亦久緣在假十月始慶承桓頤故
乘其初歸未識先詣以期於心稍安彥師亦感冒新愈宜一看也歸
途答光宇回署已傍晚矣

二十七日晴 勉之學使來久談又見客兩班拜發正摺四件夾片兩件○會軍剿辦越南遊匪邊界一律肅清摺○請催法兵撥防片○請展辦賑捐片○校閱冬操情形摺○年終密考摺○學政考試聲名片摺

二十八日晴 竟日無客料理年事大段就緒本日迎春

小除夕立春晴 序師過談餘無他客

除夕晴 料理年事畢恭懸神像敬謹上供行禮幼穉滿前嬉戲於舞 先靈當顧而樂之也祀畢分歲一年已盡闔家平安公私順適此即人生至樂之境矣夫復何求